KIRGE VILJA KOKARAAMAT

100 maitsvat retsepti ja loomingulist ideed
kannatusviljaga toiduvalmistamiseks

Laura Peterson

Autoriõigus materjal ©2023

Kõik õigused kaitstud

Ühtegi selle raamatu osa ei tohi mingil kujul ega vahenditega kasutada ega edastada ilma kirjastaja ja autoriõiguse omaniku nõuetekohase kirjaliku nõusolekuta, välja arvatud ülevaates kasutatud lühikesed tsitaadid. Seda raamatut ei tohiks pidada meditsiiniliste, juriidiliste või muude professionaalsete nõuannete asendajaks.

SISUKORD

SISUKORD 3
SISSEJUHATUS 6
HOMMIKUSÖÖK JA BRUNCH 7
1. Passionfruit Curd Donuts 8
2. Passion Fruit Pannkoogid 12
3. Passion Fruit Yogurt Parfeit 14
4. Passion Fruit French Toast 16
5. Passionivilja skoonid 18
6. Passion Fruit Muffins 20
7. Passion Fruit Crepes 22
8. Passion Fruit Oat Squares 24
9. Passion Fruit Deviled Eggs 26
10. Passion Fruit Kaerahelbed 28
11. Pink Passion Fruit Breakfast Quinoa 30
12. Passion Fruit Breakfast Bowl 32

EELROID JA SUUNID 34
13. Passion Fruit Ceviche solero 35
14. Hula küpsised 37
15. Passioniviljabatoonid 39
16. Tahiti kohvipomm 41
17. Passion Fruit Hummus 43
18. Passion Fruit Bruschetta 45
19. Passion Fruit Chicken Wings 47
20. Passion Fruit Granola batoonid 49
21. Passion Fruit Shrimp Cocktail 51
22. Passion Fruit krevetivardad 53
23. Passion Fruit Guacamole 55
24. Passion Fruit singi ja juustu rullid 57
25. Passion Fruit Caprese vardas 59
26. Passion Fruit ja Prosciutto Crostini 61
27. Passion Fruit Energy Ballid 63
28. Passion Fruit Yogurt Dip 65

PÕHIROOG 67
29. Kana rinnad passioniviljakastmega 68
30. Marineeritud tuunikala kannatuslillega 70
31. Passion Fruit ja Chicken Curry 72
32. Passion Fruit glasuuritud sea sisefilee 74
33. Passion Fruit Glazed Salmon 76
34. Passion Fruit Shrimp Stir-Fry 78

35. Passion Fruit Tofu Stir-Fry 80
36. Passion Fruit glasuuritud kana trummipulgad 82
37. Passion Fruit Curry 84
38. Passion Fruit Beef Stir-Fry 86
39. Grillitud praad passionivilja Chimichurriga 88
40. Passion Fruit Coconut Curry krevetid 90

SALATID 92
41. Kana, avokaado ja papaia salat 93
42. Troopiliste puuviljade salat kannatusviljade kastmega 95
43. Spinati ja kannatuslille salat 97
44. Avokaado ja kannatuslille salat 99
45. Kinoa ja kannatuslille salat 101
46. Arbuusi ja kannatuslille salat 103
47. Rohelise ja passionivilja salat 105
48. Kuskussi ja passionivilja salat 107
49. Aasia nuudli- ja passioniviljasalat 109
50. Rukola ja kitsejuustu salat Passion Fruit Vinegrette'iga 111
51. Caprese salat Passion Fruit Balsamico Glasuuriga 113

MAGUSTOIT 115
52. Kookospähkli panna cotta kannatusviljaga 116
53. Passioniviljavaht 119
54. Greipfruudi passion kohupiimapirukas 121
55. Banaani- ja kannatusviljajäätis 123
56. Virsiku ja passioni puuviljade keerisjäätis 125
57. Troopiline Margarita sorbett 127
58. Šokolaadilaastu kihiline kook 129
59. No-Bake Passionfruit juustukook 132
60. Ricotta juustukook kannatusviljaga 135
61. Margarita kreemid mango ja kirega 137
62. Sables kannatuspuu vaarikas 139
63. Passionfruit posset 141
64. Mango ja Passionfruit Pavlova 143
65. Uus-Meremaa Kiivi pavlova 145
66. Troopiliste puuviljade pavlova 147
67. No-Bake Passion Fruit Cobbler 149
68. Passion Fruit Fruit Sorbett 151
69. Guajaav Passion Fruit Fruit Sorbett 153
70. Avokaado-passionivilja sorbett 155

MAITSED 157
71. Passionivilja karamellkaste 158
72. Greibi passion kohupiim 160

73. Passionivilja kohupiim 162
74. Passion Fruit Salsa 164
75. Passion Fruit Guacamole 166
76. Passion Fruit Jam 168
77. Passion Fruit Butter 170
78. Passion Fruit Vinaigrette 172
79. Passion Fruit kuum kaste 174
80. Passion Fruit Majonees 176
81. Passion Fruit BBQ kaste 178
82. Passion Fruit Aioli 180
83. Passion Fruit Chutney 182
84. Passion Fruit Sinep 184

KOKTEILID JA MOKTEILID 186

85. Passion Fruit Boba tee 187
86. Passioni viljade veejää 189
87. Passion Fruit Cooler 191
88. Rahulik reis 193
89. Butterfly Pea & Yellow citronade 195
90. Passion Fruit and Mace Mocktail 197
91. Colombia 199
92. Puuviljadega ürdijäätee 201
93. Passioni-mündi jäätee 203
94. Baccarat Rouge 205
95. Berry Tutti-frutti 207
96. Passion fruit Brandywine 210
97. Passion Fruit Mojito 212
98. Passion Fruit Espresso Sour 214
99. Passion Fruit Piña Colada 216
100. Passion Fruit Limonade 218

KOKKUVÕTE 220

SISSEJUHATUS

Passion fruit on ainulaadne ja eksootiline puuvili, mis on täis maitset ja toitaineid. Oma terava ja magusa maitsega sobib see suurepäraselt kasutamiseks mitmesugustes roogades, alates magustoitudest kuni soolaste roogadeni. Selles kokaraamatus uurime kannatusviljade mitmekülgsust ning pakume teile erinevaid retsepte ja loomingulisi ideid sellega toiduvalmistamiseks.

Olenemata sellest, kas olete kogenud kokk või köögis algaja, leiate järgmistelt lehtedelt palju inspiratsiooni. Klassikalistest roogadest, nagu passioniviljasorbett ja juustukook, kuni uuenduslikemate retseptideni, nagu kannatuslillega glasuuritud kana ja krevettide ceviche – igaüks leiab midagi, mida nautida. Niisiis, olge valmis avastama kannatusviljade maailma ja laske oma maitsemeelel lendu tõusta!

HOMMIKUSÖÖK JA BRUNCH

1. Passionfruit kohupiima sõõrikud

KOOSTISOSAD:
KASSIFILJA KOHUPIIMA JAOKS
- ½ tass granuleeritud suhkrut
- 3 suurt munakollast
- ¼ tass passionipüreed
- 2 spl värskelt pressitud sidrunimahla
- ½ tass külma soolata võid, kuubikuteks

SÖÖRIKUKS
- ¾ tass täispiima
- 2 suurt muna
- 2 suurt munakollast
- 3 ½ tassi universaalset jahu
- ¼ tass pluss 1 tass granuleeritud suhkrut, jagatud
- 2 ¼ teelusikatäit (1 pakk) kiirpärmi
- 1 tl koššersoola
- 6 spl soolata võid, kuubikuteks
- taimeõli, praadimiseks

JUHISED:
KASSIFILJA KOHUPIIMA JAOKS

a) Vahusta keskmise paksu põhjaga potis ½ tassi granuleeritud suhkrut ja 3 suurt munakollast, kuni need on hästi segunenud ja saad homogeense kahvatukollase segu.

b) Klopi sisse ¼ tassi passionivilja ja 2 spl värsket sidrunimahla, kuni segu õheneb, ja aseta pott keskmisele kuumusele.

c) Küpseta puulusikaga pidevalt segades, kuni segu on piisavalt paks, et katta lusika tagaosa, 8–10 minutit ja registreerib kiirloetav termomeetril 160 (F).

d) Kui segu on saavutanud temperatuuri 160 (F), eemaldage see tulelt ja vahustage sisse ½ tassi kuubikuteks lõigatud soolata võid, paar kuubikku korraga, lisades alles siis, kui eelmised kuubikud on täielikult segunenud.

e) Kui kogu või on lisatud, kurna kohupiim väikesesse klaaskaussi peene sõelaga.

f) Katke kilega, surudes plastik otse kohupiima pinnale, et vältida naha moodustumist.

g) Hoia külmkapis, kuni see on jahtunud ja tardunud, vähemalt 2–3 tundi (aga eelistatavalt üleöö). Kohupiim säilib suletud klaaspurgis külmkapis kuni 2 nädalat.

SÖÖRIKUKS

h) Taigna valmistamiseks lase ¾ tassi täispiima väikeses potis keskmisel kuumusel keema. Jälgige hoolikalt, et piim üle ei keeks. Valage piim vedelasse mõõtetopsi ja laske sellel jahtuda temperatuurini 105 (F) kuni 110 (F). Kui piim on jahtunud, lisa piimale 2 suurt muna ja 2 suurt munakollast ning vahusta ettevaatlikult ühtlaseks.

i) Segage labakinnitusega eraldiseisva segisti kausis 3 ½ tassi universaalset jahu, ¼ tassi granuleeritud suhkrut, 2 ¼ teelusikatäit kiirpärmi ja üks teelusikatäis koššersoola. Lisage piimasegu ja segage, kuni see on segunenud.

j) Lülitage taignakonks ja sõtke tainast madalal kiirusel umbes 3 minutit. Tainas tundub kleepuv, kuid see on okei. Lisa 6 spl soolata võid, kuubik või kaks korraga. Kui võid pole lisatud, eemaldage kauss segistist ja sõtkuge võid kätega minuti jooksul, et alustada. Lihtsalt jätkake lisamist ja sõtkumist, kuni see on hästi segunenud.

k) Kui või on lisatud, suurendage mikseri kiirust keskmisele ja sõtke tainast veel paar minutit, kuni tainas on ühtlane ja elastne.

l) Tõsta tainas kergelt määritud keskmisesse kaussi, kata kilega ja pane külmkappi vähemalt kolmeks tunniks, kuid eelistatavalt üleöö.

m) Kui tainas on jahtunud, vooderda kaks küpsetusplaati küpsetuspaberiga. Piserdage pärgamendipaberit ohtralt küpsetusspreiga.

n) Kallutage külm tainas kergelt jahuga ülepuistatud tööpinnale ja rullige see umbes ½ tolli paksuseks krobeliseks 9x13-tolliseks ristkülikuks. Kasutage 3,5-tollist küpsisevormi, et lõigata tainast 12 ringi ja asetada need ettevalmistatud lehtedele.

o) Puista iga taignaringi peale kergelt jahu ja kata need kergelt kilega.

p) Asetage sooja kohta tõmbama, kuni tainas on paisunud ja umbes tund aega õrnalt vajutades vetsutab aeglaselt tagasi.

q) Kui olete sõõrikute praadimiseks valmis, vooderdage rest paberrätikutega. Pange 1 tass granuleeritud suhkrut keskmisesse kaussi. Lisage taimeõli keskmise paksu põhjaga potti, kuni teil on umbes kaks tolli õli.

r) Kinnitage kommide termomeeter poti küljele ja kuumutage õli temperatuurini 375 (F). Lisage õlile ettevaatlikult 1–2 sõõrikut ja prae neid kuldpruuniks, umbes 1–2 minutit mõlemalt poolt.

s) Püüdke sõõrikud õlist välja lusikaga ja tõstke need ettevalmistatud restile. Umbes 1–2 minuti pärast, kui sõõrik on käsitsemiseks piisavalt jahtunud, viska need granuleeritud suhkru kaussi, kuni see on kaetud. Korrake ülejäänud taignaga.

t) Sõõrikute täitmiseks torka Bismarcki kondiitriotsaga (või puulusika käepidemega) kummagi ühele küljele auk, jälgides, et see ei torkaks läbi teisele poole. Täida väikese ümmarguse otsaga kondiitrikotike (või Bismarcki sõõrikuotsaga, kui soovite) passionivilja kohupiimaga. Torka kondiitrikotti ots auku ja pigista õrnalt, et iga sõõrik täidaks. Kõrvale pakutav üleliigne kohupiim dipikastmena (sobib hästi ka vahvlitega!). Sõõrikud on valmistamise päeval parimad.

2. Passion Fruit Pannkoogid

KOOSTISOSAD:
- 1 ½ tassi universaalset jahu
- 3 ½ teelusikatäit küpsetuspulbrit
- 1 spl suhkrut
- ¼ teelusikatäis soola
- 1 ¼ tassi piima
- 1 muna
- 3 spl sulatatud võid
- ¼ tassi kannatusvilja viljaliha

JUHISED:
a) Sega suures segamiskausis jahu, küpsetuspulber, suhkur ja sool.
b) Vahusta eraldi kausis piim, muna, sulavõi ja kannatusvilja viljaliha.
c) Lisa märjad koostisosad kuivadele koostisosadele ja sega ühtlaseks massiks.
d) Kuumutage mittenakkuvat panni keskmisel kuumusel.
e) Kasutage taigna pannile valamiseks ¼ tassi mõõtu.
f) Küpseta pannkooke, kuni pinnale tekivad mullid, seejärel keerake ümber ja küpseta, kuni teine pool on kuldpruun.
g) Serveeri või, siirupi ja täiendava passionivilja viljalihaga.

3. Passion Fruit Jogurt Parfee

KOOSTISOSAD:
- 2 tassi tavalist kreeka jogurtit
- ½ tassi kannatusvilja viljaliha
- ¼ tass mett
- 1 tass granola

JUHISED:
a) Segage segamisnõus kreeka jogurt, kannatusvilja viljaliha ja mesi.
b) Laota jogurtisegu ja granola kihiti klaasi või purki.
c) Kõige peale lisa passionivilja viljaliha ja granola.
d) Serveeri kohe.

4. Passion Fruit Prantsuse röstsai

KOOSTISOSAD:
- 8 viilu leiba
- 4 muna
- ½tassi piima
- ¼tassi kannatusvilja viljaliha
- 2 spl võid
- Tuhksuhkur, serveerimiseks

JUHISED:
a) Vahusta madalas tassis munad, piim ja kannatusvilja viljaliha.
b) Kuumuta nakkumatu pann keskmisel kuumusel ja sulata 1 spl võid.
c) Kasta iga leivaviil munasegusse, kattes mõlemalt poolt.
d) Küpseta leiba pannil mõlemalt poolt kuldpruuniks.
e) Korrake ülejäänud saiaviiludega, lisades vajadusel võid.
f) Serveeri tuhksuhkru ja täiendava passionivilja viljalihaga.

5. Passion Fruit Scones

KOOSTISOSAD:
- 2 tassi universaalset jahu
- ⅓tassi suhkrut
- 1 spl küpsetuspulbrit
- ½teelusikatäis soola
- ½tass soolata võid, jahutatud ja kuubikuteks lõigatud
- ⅔tassi kannatusvilja viljaliha
- ½tass rasket koort

JUHISED:
a) Kuumuta ahi 400 °F-ni.
b) Sega kausis jahu, suhkur, küpsetuspulber ja sool.
c) Lisa jahutatud või ja lõika kondiitri segisti või kätega või kuivainete hulka, kuni segu on murene.
d) Lisa passionivilja viljaliha ja koor, sega, kuni tainas kokku tuleb.
e) Tõsta tainas jahusel pinnale ja patsuta see ringiks.
f) Lõika tainas 8 viiluks
g) Aseta skoonid küpsetuspaberiga kaetud ahjuplaadile.
h) Küpseta 18-20 minutit või kuni kuldpruunini.
i) Serveeri soojalt või ja täiendava passionivilja viljalihaga.

6. Passion Fruit muffinid

KOOSTISOSAD:
- 2 tassi universaalset jahu
- 2 tl küpsetuspulbrit
- ½ teelusikatäis soola
- ½ tass soolata võid, pehmendatud
- 1 tass suhkrut
- 2 muna
- ½ tassi kannatusvilja viljaliha
- ½ tassi piima
- 1 tl vaniljeekstrakti

JUHISED:
a) Kuumuta ahi temperatuurini 375 ° F.
b) Vahusta segamiskausis jahu, küpsetuspulber ja sool.
c) Vahusta eraldi kausis või ja suhkur heledaks ja kohevaks vahuks.
d) Klopi ükshaaval sisse munad, millele järgneb kannatusvilja viljaliha.
e) Lisa märjale segule järk-järgult kuivained, vaheldumisi piimaga.
f) Sega juurde vanilliekstrakt.
g) Tõsta tainas lusikaga pabervooderdusega vooderdatud muffinivormi.
h) Küpseta 18-20 minutit või kuni keskele torgatud hambaork tuleb puhtana välja.
i) Serveeri soojalt.

7. Passion Fruit krepid

KOOSTISOSAD:
- 1 tass universaalset jahu
- 2 muna
- ½tassi piima
- ½tassi vett
- 2 spl suhkrut
- ¼teelusikatäis soola
- ¼tass soolata võid, sulatatud
- ½tassi kannatusvilja viljaliha

JUHISED:
a) Vahusta segamiskausis jahu, munad, piim, vesi, suhkur ja sool ühtlaseks massiks.
b) Sega juurde sulavõi ja kannatusvilja viljaliha.
c) Kuumutage mittenakkuvat panni keskmisel kuumusel.
d) Valage pannile ¼ tassi tainast ja keerake seda ringi, kuni see katab panni põhja.
e) Küpseta kreppi, kuni servad hakkavad kerkima ja pind on kuiv, seejärel keera ümber ja küpseta veel 10-15 sekundit.
f) Korrake ülejäänud taignaga, laotades keedetud krepid taldrikule.
g) Serveeri soovi korral täiendava passionivilja viljaliha ja vahukoorega.

8. Passion Fruit Oat Squares

KOOSTISOSAD:
- 1 ½ tassi universaalset jahu
- 1 tass valtsitud kaerahelbeid
- ½tassi pruuni suhkrut
- ½teelusikatäis soola
- ½tass soolata võid, sulatatud
- ½tassi kannatusvilja viljaliha
- ¼tass mett

JUHISED:
a) Kuumuta ahi temperatuurini 350 °F.
b) Sega kausis jahu, kaer, fariinsuhkur ja sool.
c) Lisa sulatatud või, kannatusvilja viljaliha ja mesi, sega, kuni segu on murene.
d) Suru segu 9-tollisse ruudukujulisse ahjuvormi.
e) Küpseta 25-30 minutit või kuni kuldpruunini.
f) Jahuta enne ribadeks viilutamist.
g) Serveeri hommiku- või hommikusöögiks.

9. Passion Fruit Deviled Eggs

KOOSTISOSAD:
- 6 kõvaks keedetud muna, kooritud ja poolitatud
- ¼ tassi majoneesi
- 1 spl Dijoni sinepit
- ¼ tassi kannatusvilja viljaliha
- Sool ja pipar maitse järgi
- Kaunistuseks hakitud murulauk

JUHISED:
a) Sega kausis munakollased, majonees, Dijoni sinep, passionivilja viljaliha, sool ja pipar ühtlaseks massiks.
b) Tõsta segu lusikaga munavalgepoolikute hulka.
c) Puista peale hakitud murulauk.
d) Enne serveerimist jahutage külmkapis vähemalt 30 minutit.

10. Passion Fruit Kaerahelbed

KOOSTISOSAD:
1 tass valtsitud kaerahelbeid
2 tassi vett
Näputäis soola
2 kannatusvilja
2 supilusikatäit mett
Katteks viilutatud mandlid või hakitud kookospähkel (valikuline)

JUHISED:
Aja kastrulis vesi keema.
Lisa valtsitud kaer ja sool, alanda kuumust ja hauta aeg-ajalt segades umbes 5 minutit.
Lõika kannatusviljad pooleks ja eemalda viljaliha.
Sega passionivilja viljaliha keedetud kaerahelbe hulka.
Magustage meega ja segage hästi.
Eemaldage kuumusest ja laske sellel minut aega seista.
Serveerige kaerahelbeid kuumalt, lisage soovi korral viilutatud mandleid või purustatud kookospähklit.

11. Pink Passion Fruit Breakfast Quinoa

KOOSTISOSAD:
- 1 tass punast kinoat
- 1 kollane paprika
- 1 kannatusvili
- 3 spl palsamiäädikat
- 1 tl kookossuhkrut

JUHISED:
a) Loputage punane kinoa hoolikalt jooksva vee all, et eemaldada kibedus.
b) Segage keskmise suurusega kastrulis loputatud kinoa 2 tassi veega. Kuumuta see keema.
c) Kui see hakkab keema, alandage kuumust, katke kastrul kaanega ja laske kinoal podiseda umbes 15-20 minutit või kuni vesi on imendunud ja kinoa on pehme. Pange see kõrvale.
d) Kuni kinoa küpseb, valmista ette teised koostisosad. Lõika kollane paprika väikesteks tükkideks.
e) Lõika passionivili pooleks ning kühvli seemned ja viljaliha väikesesse kaussi.
f) Vahusta eraldi väikeses kausis palsamiäädikas ja kookossuhkur, kuni suhkur on lahustunud.
g) Kui kinoa on keedetud, viige see serveerimiskaussi.
h) Lisage kinoale kuubikuteks lõigatud kollane paprika ning passionivilja seemned ja viljaliha.
i) Nirista palsamiäädika ja kookossuhkru segu kinoale ning sega kõik õrnalt ühtlaseks.
j) Maitse ja vajadusel kohanda maitseainet.
k) Serveeri Passion Fruit Breakfast Quinoa soojalt või toatemperatuuril.

12. Passion Fruit hommikusöögikauss

KOOSTISOSAD:
1 tass tavalist kreeka jogurtit
1/2 tassi granola
1 banaan, viilutatud
1 kannatusvili
1 spl mett

JUHISED:
Laota kaussi Kreeka jogurt, granola ja banaaniviilud.
Lõika kannatusvili pooleks ja eemalda viljaliha.
Asetage kannatusvilja viljaliha kausi peale.
Lisa magususe saamiseks nirista peale mett.
Enne nautimist segage kõik koostisosad omavahel.

EELROID JA SUUNID

13. Passion Fruit Ceviche solero

KOOSTISOSAD:
- 1 nael krevetid; puhastada, koorida ja lõigata
- 1-kilone Snapperi filee; nülitud ja lõigatud
- 1 spl Oliiviõli
- 1 spl Värske apelsinimahl
- 1 spl valget äädikat
- ½ tassi värsket laimimahla
- 1 spl küüslauk; hakitud
- 1 spl Punane sibul; hakitud
- 4 untsi kuubikuteks lõigatud punane paprika (umbes 3/8 tassi)
- 1 Jalapeño; kuubikuteks lõigatud
- 1 näputäis jahvatatud köömneid
- 1 tl Sool
- 1 spl hakitud koriandri lehti
- 2 spl Passioni puuviljapüreed

JUHISED:

a) Keeda krevette 1 minut keevas vees, et need oleksid kaetud. Kurna ja pane kaanega külmkappi, kuni see on jahtunud.

b) Sega suures kausis snapperikuubikud, õli, apelsinimahl, äädikas, laimimahl, küüslauk, sibul, paprika, jalapeño, köömned, sool, koriander ja passioniviljapüree. Lisa krevetid; kata ja marineeri külmkapis vähemalt 6 tundi.

c) Serveeri endiivia- või salatiribadel, kaunistatuna pipraribade ja laimiviiludega.

14. Hula küpsised

KOOSTISOSAD:
- 2½ tassi universaalset jahu
- ½ tl küpsetuspulbrit
- 1 tass vegan margariini
- 1 tass suhkrut
- 1½ tl munaasendajat 2 sl vee sisse klopituna
- 2 tl puhast vaniljeekstrakti
- kannatuslille moos

JUHISED:
a) Kuumuta ahi 300 °F-ni. Sega keskmises kausis jahu ja küpsetuspulber ning sega hästi. Kõrvale panema.
b) Vahusta margariin ja suhkur elektrimikseriga suures kausis heledaks ja kohevaks vahuks. Lisa munaasendaja ja vanill ning klopi keskmisel ühtlaseks.
c) Lisage kuivained märgadele koostisosadele ja vahustage madalal kuumusel, kuni need on põhjalikult segunenud. Tainas peaks olema tihke.
d) Võtke tainast 1 supilusikatäis korraga ja rullige sellest pallid.
e) Asetage taignapallid määrimata küpsetusplaatidele, üksteisest umbes 1 tolli kaugusel.
f) Kasutage pöidla või 1/4 teelusikalise mõõtelusika tagumist otsa, et teha iga taignapalli keskele süvend.
g) Aseta igasse süvendisse 1/4 tl moosi. Küpseta kuni kuldpruunini, 22–24 minutit.
h) Jahuta küpsetusplaadil 5 minutit, enne kui tõstad restile, et see täielikult jahtuda. Hoida õhukindlas anumas.

15. Passioniviljabatoonid

KOOSTISOSAD:
KOORIKU KOHTA:
- 8 untsi soolata võid, sulatatud ja veidi jahutatud
- ½tass granuleeritud suhkrut
- 2 tl vaniljeekstrakti
- ½teelusikatäit soola
- 2 tassi untsi universaalset jahu

TÄIDISEKS:
- 8 suurt muna
- 2⅓ tassi granuleeritud suhkrut
- 1 ½ tassi passioniviljapüreed
- ½tass universaalset jahu

JUHISED:
KOORIKU TEGEMISEKS:
a) Kuumuta ahi 350 kraadi Fahrenheiti järgi. Vooderdage 9x13 pann fooliumiga nii, et see ulatuks mööda külgi üles, ja piserdage fooliumile mittenakkuva küpsetusspreiga.
b) Vahusta kausis kokku sulatatud või, suhkur, vanill ja sool. Pärast segamist lisage jahu ja segage spaatliga, kuni see on segunenud ja jahutriipe ei jää. Kraabi tainas pannile ja suru ühtlaseks kihiks. See võib tunduda pisut rasvane – see on normaalne.
c) Küpseta koorikut 25–30 minutit temperatuuril 350 F, kuni see on pealt kuldpruun. Kooriku küpsemise ajal valmista täidis, et see oleks valmis kasutamiseks niipea, kui koorik on valmis.

TÄIDISE VALMISTAMISEKS:
d) Vahusta suures kausis munad, granuleeritud suhkur ja passioniviljapüree. Sõeluge munasegu peale jahu ja vahustage ka see.
e) Kui täidis on küpsetatud, libistage rest osaliselt ahjust välja. Valage täidis kuumale koorikule ja lükake see tagasi ahju. Vähendage temperatuuri 325 F-ni ja küpsetage 25-30 minutit. Seda tehakse siis, kui keskosa pannile koputades vaevu väriseb.
f) Kui see on valmis, eemaldage pann ahjust ja laske sellel jahtuda, kuni see jõuab toatemperatuurini. Kõige puhtamate jaotustükkide saamiseks hoidke kangid külmkapis ja lõigake need täiesti külmana. Lõikamiseks eemaldage kangid pannilt, kasutades sangadena fooliumi. Kasutage suurt teravat kokanuga ja pühkige seda sageli lõigete vahel. Enne serveerimist puista pealt tuhksuhkruga. Hoidke Passion Fruit Bars õhukindlas anumas külmkapis kuni nädal.

16. Tahiti kohvipomm

KOOSTISOSAD:
- 2 untsi laimimahla
- 1 tass söögisoodat
- ¼ tass lihtsat siirupit
- ¼ tass passioniviljapüreed
- 2 untsi külmpruuli kontsentraati
- 3 untsi mee siirupit
- Vesi
- 2 untsi guajaavipüree
- ½ tass Sidrunhape
- 2 untsi apelsinimahla
- 1 tass ülipeent suhkrut
- 5 g kummiakaatsia

JUHISED:

a) Mõõda kõik koostisosad kaussi.

b) Töötle segu kätega, kuni see on liivase tekstuuriga.

c) Vormi segust pallid ja pane vormi tahenema.

d) Võta vormist lahti, seejärel säilita külmkapis või letil õhukindlas anumas.

17. Passion Fruit Hummus

KOOSTISOSAD:
- 1 purk kikerherneid, nõruta ja loputa
- ¼tass tahini
- ¼tassi kannatusvilja viljaliha
- 2 küüslauguküünt, hakitud
- ¼tass oliiviõli
- Sool ja pipar maitse järgi

JUHISED:
a) Sega köögikombainis omavahel kikerherned, tahini, passionivilja viljaliha, küüslauk, oliiviõli, sool ja pipar.
b) Töötle ühtlaseks ja kreemjaks.
c) Enne serveerimist jahutage külmkapis vähemalt 30 minutit.
d) Serveeri pitakrõpsude või värskete köögiviljadega.

18. Passion Fruit Bruschetta

KOOSTISOSAD:
- 1 baguette, viilutatud
- ¼tass oliiviõli
- 2 küüslauguküünt, hakitud
- 1 tass kirsstomateid, tükeldatud
- ¼tassi kuubikuteks lõigatud punast sibulat
- ¼tass hakitud värsket basiilikut
- ¼tassi kannatusvilja viljaliha
- Sool ja pipar maitse järgi

JUHISED:
a) Kuumuta ahi temperatuurini 350 °F.
b) Laota baguette'i viilud ahjuplaadile.
c) Sega väikeses kausis oliiviõli ja hakitud küüslauk.
d) Pintselda baguette'i viilud küüslauguõliga.
e) Küpseta 5-7 minutit või kuni see on kergelt röstitud.
f) Sega eraldi kausis tükeldatud tomatid, punane sibul, basiilik, passionivilja viljaliha, sool ja pipar.
g) Tõsta lusikaga tomatisegu röstitud baguette'i viiludele.
h) Serveeri kohe.

19. Passion Fruit Chicken Wings

KOOSTISOSAD:
- 2 naela kanatiibu
- ¼ tassi kannatusvilja viljaliha
- ¼ tass mett
- 2 spl sojakastet
- 2 küüslauguküünt, hakitud
- 1 tl riivitud värsket ingverit
- Sool ja pipar maitse järgi

JUHISED:
a) Kuumuta ahi 400 °F-ni.
b) Laota kanatiivad ahjuplaadile.
c) Sega väikeses kausis passionivilja viljaliha, mesi, sojakaste, küüslauk, ingver, sool ja pipar.
d) Pintselda kanatiivad passionivilja glasuuriga.
e) Küpseta 30-35 minutit või kuni see on läbiküpsenud ja kuldpruun.
f) Serveeri kuumalt.

20. Passion Fruit Granola batoonid

KOOSTISOSAD:
2 tassi valtsitud kaera
1 tass hakitud kookospähklit
1/2 tassi mandlivõid
1/3 tassi mett
1/4 tassi hakitud pähkleid (nt mandlid, india pähklid või kreeka pähklid)
1/4 tassi kuivatatud puuvilju (nt rosinad, jõhvikad või hakitud datlid)
2 kannatusvilja
1 tl vaniljeekstrakti

JUHISED:
Kuumuta ahi temperatuurini 350 °F (175 °C) ja vooderda küpsetusvorm küpsetuspaberiga.

Segage suures kausis valtsitud kaer, hakitud kookospähkel, mandlivõi, mesi, hakitud pähklid, kuivatatud puuviljad, kannatusviljade viljaliha ja vaniljeekstrakt.

Sega hästi, kuni kõik koostisosad on ühtlaselt jaotunud.

Tõsta segu ettevalmistatud ahjuvormi ja suru tugevalt alla.

Küpseta 15-20 minutit või kuni kuldpruunini.

Eemaldage ahjust ja laske sellel enne batoonideks lõikamist täielikult jahtuda.

21. Passion Fruit krevettide kokteil

KOOSTISOSAD:
- 1 nael keedetud ja jahutatud krevette, kooritud ja tükeldatud
- ¼tassi kannatusvilja viljaliha
- ¼tass ketšupit
- 1 spl mädarõigast
- 1 spl Worcestershire'i kastet
- 1 spl laimimahla
- Sool ja pipar maitse järgi

JUHISED:
a) Sega kausis passionivilja viljaliha, ketšup, mädarõigas, Worcestershire'i kaste, laimimahl, sool ja pipar.
b) Laota jahutatud krevetid serveerimisvaagnale.
c) Kastmiseks serveeri kõrvale passionivilja kokteilikastet.

22. Passion Fruit krevetivardad

KOOSTISOSAD:
Krevetid, kooritud ja tükeldatud
2 kannatusvilja
Oliiviõli
Sool ja pipar maitse järgi
Värsked koriandri lehed, tükeldatud

JUHISED:
Kuumuta grill või grillpann keskmisele-kõrgele kuumusele.
Lõika kannatusviljad pooleks ja eemalda viljaliha.
Keera krevetid varrastele.
Pintselda krevetid oliiviõliga ning puista peale soola, pipart ja hakitud koriandrit.
Grilli krevette umbes 2-3 minutit mõlemalt poolt, kuni need on roosad ja läbi küpsenud.
Tõsta krevetid grillilt ja nirista peale kannatusvilja viljaliha.
Serveeri eelroana või kerge vahepalana.

23. Passion Fruit Guacamole

KOOSTISOSAD:
2 küpset avokaadot
2 kannatusvilja
1 väike punane sibul, peeneks hakitud
1 väike tomat, tükeldatud
1 laimi mahl
Sool ja pipar maitse järgi
Värsked koriandri lehed, tükeldatud
JUHISED:

Lõika avokaadod pooleks, eemalda seemned ja tõsta viljaliha kaussi.
Lõika kannatusviljad pooleks ja eemalda viljaliha.
Lisage avokaadoga kaussi passionivilja viljaliha, punane sibul, tomat, laimimahl, sool, pipar ja koriander.
Püreesta kõik kahvliga kuni soovitud konsistentsini.
Kohandage maitseaineid oma maitse järgi.
Serveeri tortillakrõpsudega või võileivamäärdena.

24. Passion Fruit singi- ja juusturullid

KOOSTISOSAD:
Viilutatud deli sink
Viilutatud juust (cheddari, Šveitsi või teie eelistatud juust)
2 kannatusvilja
Värsked basiiliku lehed

JUHISED:
Lao singiviil puhtale pinnale.
Aseta singi peale juustuviil.
Lõika kannatusviljad pooleks ja eemalda viljaliha.
Tõsta juustule väike kogus kannatusvilja viljaliha.
Tõsta peale paar värsket basiilikulehte.
Rulli sink ja juust tihedalt kokku.
Kinnitage vajadusel hambaorkidega.
Korrake ülejäänud singi, juustu, kannatusvilja viljaliha ja basiilikuga.
Serveeri suupistete või suupistetena.

25. Passion Fruit Caprese vardas

KOOSTISOSAD:
kirsstomatid
Värsked mozzarella pallid
Värsked basiiliku lehed
2 kannatusvilja
Balsamico glasuur
JUHISED:

Lõika igasse vardasse kirsstomat, mozzarellapall ja värske basiilikuleht.
Lõika kannatusviljad pooleks ja eemalda viljaliha.
Nirista kannatusvilja viljaliha varrastele.
Nirista peale balsamico glasuur.
Laota vardad vaagnale.
Serveeri eelroana või suupistena.

26. Passion Fruit ja Prosciutto Crostini

KOOSTISOSAD:
Baguette viilud, röstitud
Kitsejuust või toorjuust
Prosciutto viilud
2 kannatusvilja
Värsked piparmündilehed
JUHISED:

Määri igale baguette'i viilule kiht kitsejuustu või toorjuustu.
Aseta peale prosciutto viil.
Lõika kannatusviljad pooleks ja eemalda viljaliha.
Tõsta prosciuttole väike kogus kannatusvilja viljaliha.
Kaunista värskete piparmündilehtedega.
Serveeri elegantsete eelroogadena.

27. Passion Fruit Energy Ballid

KOOSTISOSAD:
1 tass datleid, kivideta
1 tass mandleid
2 spl chia seemneid
2 supilusikatäit hakitud kookospähklit
2 kannatusvilja
1 supilusikatäis mett (valikuline)

JUHISED:
Asetage datlid, mandlid, chia seemned, purustatud kookospähkel ja passioniviljade viljaliha köögikombaini.
Töötle, kuni segu on kokku tulnud ja moodustab kleepuva taigna.
Kui segu on liiga kuiv, lisa mett ja töötle uuesti.
Veereta segust käte abil väikesed pallid.
Aseta energiapallid õhukindlasse anumasse ja pane vähemalt 30 minutiks külmkappi tahenema.
Serveeri tervisliku suupistena liikvel olles.

28. Passion Fruit Jogurti Dipp

KOOSTISOSAD:
1 tass kreeka jogurtit
2 kannatusvilja
1 spl mett
Kastmiseks lõigatud puuviljad või kreekerid

JUHISED:

Lõika kannatusviljad pooleks ja eemalda viljaliha.
Sega kausis kreeka jogurt, kannatusvilja viljaliha ja mesi.
Sega hästi, kuni kõik koostisosad on täielikult segunenud.
Serveeri jogurtikaste koos viilutatud puuviljade või kreekeritega.
Naudi kerge ja terava suupistena.

PÕHIROOG

29. Kana rinnad passioniviljakastmega

KOOSTISOSAD:
- 4 kanarinda
- 4 kannatusvilja; poolitatud, seemnetest eemaldatud ja viljaliha reserveeritud
- 1 supilusikatäis Jack Danieli
- 2-tärni aniis
- 2 untsi vahtrasiirupit
- 1 hunnik murulauku; hakitud
- Sool ja must pipar

JUHISED:
a) Kuumuta pann passionivilja viljalihaga keskmisel kuumusel, lisa Jack Daniel's, tähtaniis, vahtrasiirup ja murulauk; Sega hästi, hauta 5–6 minutit ja tõsta tulelt.

b) Maitsesta kana soola ja pipraga, pane eelkuumutatud õhkfritüüri ja küpseta 360 °F juures 10 minutit; pooleldi keerates. Jaga kana taldrikutele, kuumuta kastet veidi, nirista kana peale ja serveeri.

30. Marineeritud tuunikala kannatuspuuviljadega

KOOSTISOSAD:
- 3 cm (1½ tolli) paksune tükk tuunikala seljafilee,
- 2 väikest, küpset ja kortsulist kannatusvilja,
- 1 spl laimimahla
- 3 supilusikatäit päevalilleõli
- 1 keskmiselt kuum roheline tšilli
- 1 tl tuhksuhkrut
- 1½ supilusikatäit peeneks hakitud koriandrit

JUHISED:
a) Pane tuunikala seljafilee tükk lauale ja viiluta see väga õhukesteks viiludeks. Asetage viilud kõrvuti, kuid tihedalt kokku, nelja suure taldriku põhjale. Katke igaüks Clingfilmiga ja jahutage vähemalt 1 tund või kuni olete serveerimiseks valmis.

b) Vahetult enne serveerimist valmista marineerimiskaste. Lõika passionivili pooleks ja kühvelda viljaliha kausi kohale seatud sõelale. Hõõruge viljaliha mahla eraldamiseks läbi sõela ja visake seemned ära. Sul peaks jääma umbes üks supilusikatäis mahla. Sega hulka laimimahl, päevalilleõli, roheline tšilli, suhkur, koriander, ½ tl soola ja veidi värskelt jahvatatud pipart.

c) Serveerimiseks avage taldrikud, asetage lusikaga peale kaste ja määrige see lusika seljaga kala pinnale.

d) Enne serveerimist jäta 10 minutiks seisma.

31. Passionivilja- ja kanakarri

KOOSTISOSAD:
- 2 spl taimeõli
- 1 sibul, hakitud
- 2 küüslauguküünt, hakitud
- 1 spl riivitud värsket ingverit
- 1 tl jahvatatud koriandrit
- 1 tl jahvatatud köömneid
- 1 tl kurkumit
- 1 tl paprikat
- ½ teelusikatäis kaneeli
- ¼ teelusikatäis Cayenne'i pipart
- 1 nael kondita, nahata kanakintsu, kuubikuteks
- 1 purk (14 untsi) kookospiima
- ½ tass kanapuljongit
- ¼ tassi kannatusvilja viljaliha
- 1 spl mett
- Sool ja pipar maitse järgi
- Serveerimiseks keedetud riis

JUHISED:

a) Kuumuta suures potis taimeõli keskmisel-kõrgel kuumusel.

b) Lisa sibul, küüslauk ja ingver ning küpseta 2–3 minutit või kuni need on pehmenenud.

c) Lisa koriander, köömned, kurkum, paprika, kaneel ja Cayenne'i pipar ning küpseta veel 1–2 minutit või kuni lõhnavad.

d) Lisa kanatükid ja küpseta 5-7 minutit või kuni need on igast küljest pruunistunud.

e) Lisage kookospiim, kanapuljong, kannatusvilja viljaliha ja mesi ning segage.

f) Kuumuta segu tulel ja küpseta 20-25 minutit või kuni kana on läbi küpsenud ja kaste paksenenud.

g) Maitsesta soola ja pipraga maitse järgi.

h) Serveeri karrit keedetud riisiga.

32. Passion Fruit glasuuritud sea sisefilee

KOOSTISOSAD:
- 1 ½ naela sea sisefilee
- Sool ja pipar maitse järgi
- 1 spl oliiviõli
- ½tassi kannatusvilja viljaliha
- ¼tass mett
- 1 spl Dijoni sinepit
- 1 spl sojakastet
- 1 spl õunasiidri äädikat
- 1 tl riivitud värsket ingverit
- ½teelusikatäis küüslaugupulbrit

JUHISED:
a) Kuumuta ahi temperatuurini 375 ° F.
b) Maitsesta sea sisefilee soola ja pipraga.
c) Kuumuta oliiviõli ahjukindlal pannil keskmisel-kõrgel kuumusel.
d) Lisa sea sisefilee ja prae igast küljest pruuniks, umbes 2-3 minutit mõlemalt poolt.
e) Sega väikeses kausis passionivilja viljaliha, mesi, Dijoni sinep, sojakaste, õunaäädikas, ingver ja küüslaugupulber.
f) Pintselda sea sisefilee peale passionivilja glasuur.
g) Tõsta pann ahju ja küpseta 20–25 minutit või kuni sea sisefilee sisetemperatuur jõuab 145 °F-ni.
h) Enne viilutamist laske sea sisefilee 5-10 minutit puhata.
i) Serveeri sea sisefilee koos kõrvalejäänud passionivilja glasuuriga.

33. Passion Fruit glasuuritud lõhe

KOOSTISOSAD:
4 lõhefileed
Sool ja pipar maitse järgi
2 kannatusvilja mahl
2 supilusikatäit mett
1 spl sojakastet
1 spl riivitud ingverit
2 küüslauguküünt, hakitud

JUHISED:

Kuumuta ahi temperatuurini 400 °F (200 °C).
Maitsesta lõhefileed soola ja pipraga.
Vispelda väikeses kausis passionimahl, mesi, sojakaste, riivitud ingver ja hakitud küüslauk.
Tõsta lõhefileed küpsetuspaberiga kaetud ahjuplaadile.
Pintselda lõhefileed peale passionivilja glasuur.
Küpseta 12-15 minutit või kuni lõhe on läbi küpsenud.
Serveeri glasuuritud lõhet aurutatud riisi või röstitud köögiviljadega.

34. Passion Fruit Shrimp Stir-Fry

KOOSTISOSAD:
1 kilo krevette, kooritud ja tükeldatud
Sool ja pipar maitse järgi
2 spl taimeõli
1 punane paprika, viilutatud
1 kollane paprika, viilutatud
1 sibul, viilutatud
2 küüslauguküünt, hakitud
2 kannatusvilja mahl
2 spl sojakastet
1 spl mett
Värsked koriandrilehed kaunistuseks
JUHISED:

Maitsesta krevetid soola ja pipraga.
Kuumuta taimeõli suurel pannil või wokis keskmisel-kõrgel kuumusel.
Lisa krevetid ja küpseta 2–3 minutit mõlemalt poolt, kuni need on roosad ja läbiküpsenud.
Eemaldage krevetid pannilt ja asetage kõrvale.
Lisage samale pannile viilutatud paprika, sibul ja hakitud küüslauk.
Prae segades 3-4 minutit, kuni köögiviljad on pehmed-krõbedad.
Vispelda väikeses kausis passionimahl, sojakaste ja mesi.
Valage kaste pannil olevatele köögiviljadele ja küpseta veel minut.
Tõsta keedetud krevetid pannile ja viska kõik kokku, et katta kastmega.
Tõsta tulelt ja kaunista värskete koriandrilehtedega.
Serveeri passionivilja krevetid aurutatud riisi või nuudlite kohal.

35. Passion Fruit Tofu segatakse

KOOSTISOSAD:
1 plokk tugevat tofut, nõruta ja lõika kuubikuteks
Sool ja pipar maitse järgi
2 spl taimeõli
1 punane paprika, viilutatud
1 kollane paprika, viilutatud
1 sibul, viilutatud
2 küüslauguküünt, hakitud
2 kannatusvilja mahl
2 spl sojakastet
1 spl mett
Värsked koriandrilehed kaunistuseks

JUHISED:

Maitsesta tofukuubikud soola ja pipraga.
Kuumuta taimeõli suurel pannil või wokis keskmisel-kõrgel kuumusel.
Lisa tofukuubikud ja küpseta 4-5 minutit, kuni need on igast küljest kuldpruunid.
Eemaldage tofu pannilt ja asetage kõrvale.
Lisage samale pannile viilutatud paprika, sibul ja hakitud küüslauk.
Prae segades 3-4 minutit, kuni köögiviljad on pehmed-krõbedad.
Vispelda väikeses kausis passionimahl, sojakaste ja mesi.
Valage kaste pannil olevatele köögiviljadele ja küpseta veel minut.
Tõsta keedetud tofu tagasi pannile ja viska kõik kokku, et katta kastmega.
Tõsta tulelt ja kaunista värskete koriandrilehtedega.
Serveeri passionivilja-tofut aurutatud riisi või nuudlite kohal.

36. Passion Fruit glasuuritud kana trummipulgad

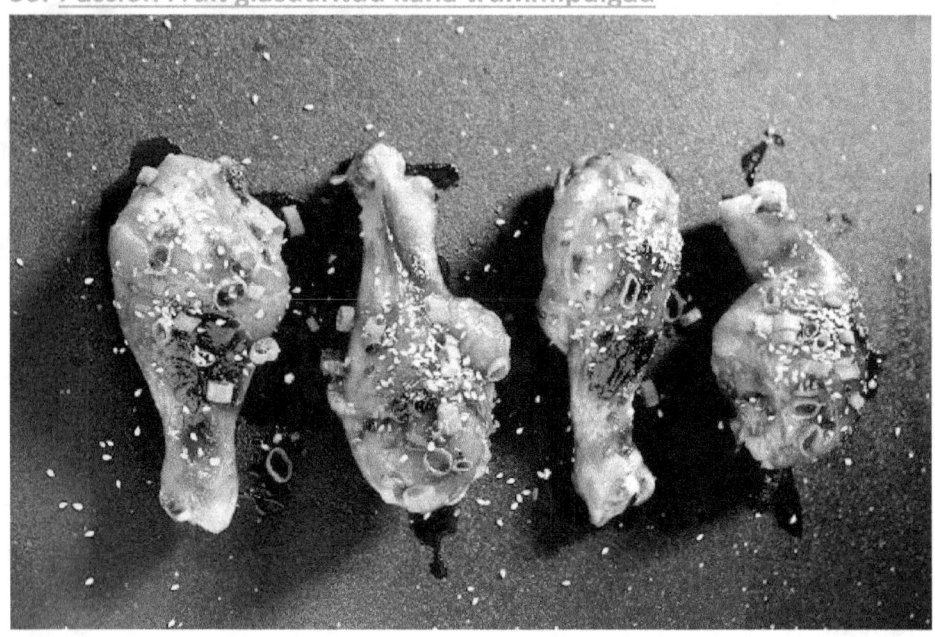

KOOSTISOSAD:
8 kanakintsu
Sool ja pipar maitse järgi
3 kannatusvilja mahl
2 supilusikatäit mett
2 spl sojakastet
2 spl ketšupit
1 spl Dijoni sinepit
2 küüslauguküünt, hakitud
JUHISED:

Kuumuta ahi temperatuurini 400 °F (200 °C).
Maitsesta kanakintsud soola ja pipraga.
Vispelda väikeses kausis passionimahl, mesi, sojakaste, ketšup, Dijoni sinep ja hakitud küüslauk.
Aseta kanakintsud küpsetuspaberiga kaetud ahjuplaadile.
Pintselda kintsud passionivilja glasuuriga, jättes osa närimiseks.
Küpseta 40-45 minutit, glasuuriga üle pestes iga 15 minuti järel, kuni kana on läbi küpsenud ja glasuur karamelliseerunud.
Võta ahjust välja ja lase enne serveerimist paar minutit seista.
Serveeri passioniviljadega glasuuritud kanakintsud koos riisi ja aurutatud köögiviljadega.

37. Passion Fruit Curry

KOOSTISOSAD:
1 spl taimeõli
1 sibul, hakitud
2 küüslauguküünt, hakitud
1 spl riivitud ingverit
2 spl karripulbrit
1 purk kookospiima
2 kannatusvilja mahl
1 tass kuubikuteks lõigatud köögivilju teie valikul (nt paprika, porgand, herned)
1 nael kana, veiseliha või tofu (valikuline)
Sool ja pipar maitse järgi
Värsked koriandrilehed kaunistuseks
Serveerimiseks keedetud riis või naanileib

JUHISED:

Kuumutage taimeõli suurel pannil või potis keskmisel kuumusel.
Lisa hakitud sibul, hakitud küüslauk ja riivitud ingver.
Prae 2-3 minutit, kuni see lõhnab.
Sega juurde karripulber ja küpseta veel minut.
Kui kasutate liha või tofut, lisage see pannile ja küpseta, kuni see on pruunistunud.
Vala sisse kookospiim ja passionimahl.
Lisa kuubikuteks lõigatud köögiviljad ning maitsesta soola ja pipraga.
Hauta 15-20 minutit või kuni köögiviljad on pehmed ja maitsed sulanud.
Vajadusel reguleeri maitsestamist.
Serveeri passionivilja karrit keedetud riisi või naani leivaga.
Kaunista värskete koriandrilehtedega.

38. Passion Fruit Beef Stir-Fry

KOOSTISOSAD:
1 nael veiseliha, õhukesteks viiludeks (nt küljetükk või välisfilee)
Sool ja pipar maitse järgi
2 spl taimeõli
1 punane paprika, viilutatud
1 roheline paprika, viilutatud
1 sibul, viilutatud
2 küüslauguküünt, hakitud
2 kannatusvilja mahl
2 spl sojakastet
1 spl mett
Kaunistuseks seesamiseemned
JUHISED:

Maitsesta veiselihaviilud soola ja pipraga.
Kuumuta taimeõli suurel pannil või wokis keskmisel-kõrgel kuumusel.
Lisa veiselihaviilud ja küpseta 2-3 minutit, kuni need on pruunistunud.
Eemaldage veiseliha pannilt ja asetage kõrvale.
Lisage samale pannile viilutatud paprika, sibul ja hakitud küüslauk.
Prae segades 3-4 minutit, kuni köögiviljad on pehmed-krõbedad.
Vispelda väikeses kausis passionimahl, sojakaste ja mesi.
Valage kaste pannil olevatele köögiviljadele ja küpseta veel minut.
Tõsta keedetud veiseliha tagasi pannile ja viska kõik kokku, et katta kastmega.
Tõsta tulelt ja kaunista seesamiseemnetega.
Serveeri passionivilja veiseliha praepannil aurutatud riisi või nuudlite kohal.

39. Grillitud praad passionivilja Chimichurriga

KOOSTISOSAD:
2 ribeye või välisfilee pihvi
Sool ja pipar maitse järgi
2 kannatusvilja mahl
2 spl oliiviõli
2 spl punase veini äädikat
1 tass värskeid peterselli lehti, hakitud
3 küüslauguküünt, hakitud
1 tl kuivatatud pune
JUHISED:

Kuumuta grill keskmisel-kõrgel kuumusel.
Maitsesta praed soola ja pipraga.
Chimichurri kastme valmistamiseks vispelda väikeses kausis passionimahl, oliiviõli, punase veini äädikas, hakitud petersell, hakitud küüslauk ja kuivatatud pune.
Grillige praed 4-5 minutit mõlemalt poolt või soovitud küpsusastmeni.
Eemaldage praed grillilt ja laske neil mõni minut puhata.
Viiluta praed ja nirista peale passionivilja chimichurri kaste.
Serveeri röstitud kartulite või salati kõrvale.

40. Passion Fruit Coconut Curry krevetid

KOOSTISOSAD:
1 kilo krevette, kooritud ja tükeldatud
Sool ja pipar maitse järgi
1 spl taimeõli
1 sibul, hakitud
2 küüslauguküünt, hakitud
1 spl riivitud ingverit
1 spl karripulbrit
1 purk kookospiima
2 kannatusvilja mahl
1 tass kuubikuteks lõigatud köögivilju omal valikul (nt paprika, suvikõrvits, porgand)
Värsked koriandrilehed kaunistuseks
Serveerimiseks keedetud riis
JUHISED:

Maitsesta krevetid soola ja pipraga.
Kuumutage taimeõli suurel pannil või potis keskmisel kuumusel.
Lisa hakitud sibul, hakitud küüslauk ja riivitud ingver.
Prae 2-3 minutit, kuni see lõhnab.
Sega juurde karripulber ja küpseta veel minut.
Lisage krevetid pannile ja küpseta, kuni need on roosad ja keedetud.
Vala sisse kookospiim ja passionimahl.
Lisa kuubikuteks lõigatud köögiviljad ning maitsesta soola ja pipraga.
Hauta 10-15 minutit või kuni köögiviljad on pehmed ja maitsed sulanud.
Vajadusel reguleeri maitsestamist.
Serveeri passionivilja kookoskarri krevette keedetud riisiga.
Kaunista värskete koriandrilehtedega.

SALATID

41. Kana, avokaado ja papaia salat

KOOSTISOSAD:
- 6 poolitatud pošeeritud kondita Kana rinnad
- 2 Kooritud ja õhukesteks viiludeks lõigatud küpset papaiat
- 2 Kooritud ja õhukesteks viiludeks lõigatud küpset avokaadot
- 4 spl Värske laimimahl
- 1 küpse kannatusvilja viljaliha
- ½ tassi taimeõli
- 1 laimi peeneks riivitud koor
- Sool ja pipar
- 2 3 supilusikatäit mett
- ½ tassi jämedalt hakitud pekanipähklit

JUHISED:
a) Vooderda 6 salatitaldrikut salatiga. Lõika kanale jäänud rasv.
b) Lõika kana hammustusesuurusteks tükkideks.
c) Vahetage taldrikutel kana, avokaado ja papaia
d) Vahusta laimimahl, viljaliha, õli, koor, sool ja pipar ning mesi.
e) Tõsta iga salati peale lusikakaste
f) Puista peale pekanipähklid.

42. Troopiliste puuviljade salat kannatusviljade kastmega

KOOSTISOSAD:
1 tass kuubikuteks lõigatud ananassi
1 tass tükeldatud mangot
1 tass tükeldatud papaia
1 tass viilutatud kiivi
2 kannatusvilja
1 laimi mahl
2 supilusikatäit mett
Kaunistuseks värsked piparmündilehed
JUHISED:

Segage suures kausis tükeldatud ananass, mango, papaia ja viilutatud kiivi.
Lõika kannatusviljad pooleks ja eemalda viljaliha.
Kastme valmistamiseks vahustage eraldi väikeses kausis passionivilja viljaliha, laimimahl ja mesi.
Nirista kaste puuviljasalatile ja sega õrnalt läbi.
Kaunista värskete piparmündilehtedega.
Serveeri jahutatult.

43. Spinati ja passionivilja salat

KOOSTISOSAD:
4 tassi värskeid beebispinati lehti
1 tass viilutatud maasikaid
1/2 tassi murendatud fetajuustu
1/4 tassi viilutatud mandleid
2 kannatusvilja
Tilgutamiseks palsamiglasuur

JUHISED:

Sega suures salatikausis beebispinati lehed, viilutatud maasikad, murendatud fetajuust ja viilutatud mandlid.
Lõika kannatusviljad pooleks ja eemalda viljaliha.
Puista passionivilja viljaliha salatile.
Nirista peale balsamico glasuur.
Segamiseks segage õrnalt.
Serveeri kohe.

44. Avokaado ja kannatusvilja salat

KOOSTISOSAD:
2 küpset avokaadot, viilutatud
1 tass kirsstomateid, poolitatud
1/4 tassi punast sibulat, õhukeselt viilutatud
2 kannatusvilja
1 laimi mahl
2 spl oliiviõli
Sool ja pipar maitse järgi
Värsked koriandrilehed kaunistuseks
JUHISED:

Laota vaagnale avokaadoviilud, poolitatud kirsstomatid ja viilutatud punane sibul.
Lõika kannatusviljad pooleks ja eemalda viljaliha.
Kastme valmistamiseks vispelda väikeses kausis passionivilja viljaliha, laimimahl, oliiviõli, sool ja pipar.
Nirista kaste salatile.
Kaunista värskete koriandrilehtedega.
Serveeri kohe.

45. Kinoa ja kannatusvilja salat

KOOSTISOSAD:
1 tass keedetud kinoat
1 tass kuubikuteks lõigatud kurki
1 tass poolitatud kirsstomateid
1/4 tassi hakitud punast sibulat
2 kannatusvilja
1 sidruni mahl
2 spl ekstra neitsioliiviõli
Sool ja pipar maitse järgi
Kaunistuseks värsked petersellilehed
JUHISED:

Sega suures kausis kokku keedetud kinoa, kuubikuteks lõigatud kurk, poolitatud kirsstomatid ja hakitud punane sibul.
Lõika kannatusviljad pooleks ja eemalda viljaliha.
Kastme valmistamiseks vahustage eraldi väikeses kausis passionivilja viljaliha, sidrunimahl, oliiviõli, sool ja pipar.
Nirista kaste kinoasalatile.
Segamiseks segage õrnalt.
Kaunista värskete petersellilehtedega.
Serveeri jahutatult.

46. Arbuusi ja kannatusvilja salat

KOOSTISOSAD:
4 tassi kuubikuteks lõigatud arbuusi
1 tass värskeid mustikaid
1/4 tassi hakitud värskeid piparmündi lehti
2 kannatusvilja
1 laimi mahl
2 supilusikatäit mett
Kaunistuseks värsked basiilikulehed

JUHISED:
Sega suures kausis kuubikuteks lõigatud arbuus, värsked mustikad ja hakitud värsked piparmündilehed.
Lõika kannatusviljad pooleks ja eemalda viljaliha.
Kastme valmistamiseks vahustage eraldi väikeses kausis passionivilja viljaliha, laimimahl ja mesi.
Nirista kaste puuviljasalatile.
Segamiseks segage õrnalt.
Kaunista värskete basiilikulehtedega.
Serveeri jahutatult.

47. Rohelise ja passionivilja salat

KOOSTISOSAD:
4 tassi segatud salatirohelist (nt rukola, beebispinat, salat)
1 tass viilutatud kurki
1 tass viilutatud rediseid
1/4 tassi murendatud kitsejuustu
2 kannatusvilja
1 sidruni mahl
2 spl ekstra neitsioliiviõli
Sool ja pipar maitse järgi
Kaunistuseks röstitud kreeka pähklid

JUHISED:
Sega suures salatikausis omavahel segatud salatirohelised, viilutatud kurgid, viilutatud redised ja murendatud kitsejuust.
Lõika kannatusviljad pooleks ja eemalda viljaliha.
Kastme valmistamiseks vahustage eraldi väikeses kausis passionivilja viljaliha, sidrunimahl, oliiviõli, sool ja pipar.
Nirista kaste salatile.
Segamiseks segage õrnalt.
Kaunista röstitud kreeka pähklitega.
Serveeri kohe.

48. Kuskussi ja passionivilja salat

KOOSTISOSAD:
1 tass keedetud kuskussi
1 tass kuubikuteks lõigatud paprikat (erinevat värvi)
1/2 tassi kuubikuteks lõigatud kurki
1/4 tassi hakitud värsket peterselli
2 kannatusvilja
1 apelsini mahl
2 spl ekstra neitsioliiviõli
Sool ja pipar maitse järgi
Kaunistuseks murenevad fetajuust

JUHISED:
Segage suures kausis keedetud kuskuss, tükeldatud paprika, kuubikuteks lõigatud kurk ja hakitud värske petersell.
Lõika kannatusviljad pooleks ja eemalda viljaliha.
Kastme valmistamiseks vahustage eraldi väikeses kausis passionivilja viljaliha, apelsinimahl, oliiviõli, sool ja pipar.
Nirista kaste kuskussi salatile.
Segamiseks segage õrnalt.
Kaunista fetajuustu puruga.
Serveeri jahutatult.

49. Aasia nuudli- ja passioniviljasalat

KOOSTISOSAD:
8 untsi keedetud soba nuudleid
1 tass hakitud porgandit
1 tass õhukeselt viilutatud paprikat (erinevat värvi)
1/4 tassi hakitud rohelist sibulat
2 kannatusvilja
1 laimi mahl
2 spl sojakastet
1 spl seesamiõli
1 spl mett
Kaunistuseks röstitud seesamiseemned

JUHISED:
Segage suures kausis keedetud soba-nuudlid, hakitud porgand, viilutatud paprika ja hakitud roheline sibul.
Lõika kannatusviljad pooleks ja eemalda viljaliha.
Kastme valmistamiseks vahustage eraldi väikeses kausis passionivilja viljaliha, laimimahl, sojakaste, seesamiõli ja mesi.
Nirista kaste nuudlisalatile.
Segamiseks segage õrnalt.
Kaunista röstitud seesamiseemnetega.
Serveeri jahutatult.

50. Rukola ja kitsejuustu salat kannatusvilja vinegretiga

KOOSTISOSAD:
4 tassi beebi rukolat
1/2 tassi murendatud kitsejuustu
1/4 tassi kuivatatud jõhvikaid
2 kannatusvilja
1 sidruni mahl
2 spl ekstra neitsioliiviõli
Sool ja pipar maitse järgi
Kaunistuseks röstitud piiniaseemned

JUHISED:
Sega suures salatikausis beebirukola, murendatud kitsejuust ja kuivatatud jõhvikad.
Lõika kannatusviljad pooleks ja eemalda viljaliha.
Vahusta eraldi väikeses kausis vinegreti valmistamiseks passionivilja viljaliha, sidrunimahl, oliiviõli, sool ja pipar.
Nirista vinegrett salatile.
Segamiseks segage õrnalt.
Kaunista röstitud seedermänniseemnetega.
Serveeri kohe.

51. Caprese salat Passion Fruit Balsamico Glasuuriga

KOOSTISOSAD:
4 küpset tomatit, viilutatud
8 untsi värsket mozzarella juustu, viilutatud
Värsked basiiliku lehed
2 küpset virsikut õhukesteks viiludeks
2 kannatusvilja
Balsamico glasuur
Sool ja pipar maitse järgi

JUHISED:
Laota vaagnale tomativiilud ja värske mozzarella juustu viilud.
Aseta igale tomati- ja juustuviilule värske basiilikuleht.
Aseta peale virsikuviilud.
Lõika kannatusviljad pooleks ja eemalda viljaliha.
Tõsta igale caprese salatile väike kogus kannatusvilja viljaliha.
Nirista peale balsamico glasuur.
Maitsesta soola ja pipraga maitse järgi.
Serveeri kohe.

MAGUSTOIT

52. Kookose panna cotta kannatusviljaga

KOOSTISOSAD:
KOOKOSE OSA KOHTA
- 400 g paksune kookospüree
- 80 g granuleeritud suhkrut
- 4 želatiinilehte

KIRGUVILJA OSALE
- 250 g Passioni puuviljapüree
- 100 g granuleeritud suhkrut
- 4 želatiinilehte
- Sable küpsis
- 45 g tuhksuhkrut
- 115 g universaalset jahu
- 15 g mandlijahu
- Näputäis soola
- 55 g soolata või väga külm
- 25 g Muna ca. pool muna
- Valge šokolaad sulanud
- Hakitud kookospähkel

JUHISED:
SAABLIKÜPSIS
a) Kui küpsised on küpsetatud ja toatemperatuurile jahtunud, sulatage väike kogus valget šokolaadi ja määrige küpsised sellega
b) Puista üle hakitud kookospähkliga ja tõsta kõrvale

PANNA COTTA
c) Valmista kookoseosa: Leota želatiinilehti külmas vees
d) Kuumuta kookospüree ja suhkur keemiseni ja suhkur lahustub
e) Tõsta kastrul tulelt, pigista želatiinilehtedelt liigne vesi ja sega need kookossegu hulka. Pange see kõrvale
f) Valmista kannatuslille osa: Leota želatiinilehti külmas vees
g) Valage passioniviljapüree läbi sõela, et vabaneda enamikust seemnetest. Hoidke ainult mõned
h) Kuumuta passioniviljapüree koos suhkruga, kuni see keeb ja suhkur on täielikult lahustunud
i) Tõsta kastrul tulelt, pigista želatiinilehtedelt liigne vesi ja sega need passioniviljapüreesse. Pange see kõrvale

KOKKUVÕTE

j) Kuna nii kookospähkli osa kui ka kannatusvilja osa sisaldavad želatiini, peate olema ettevaatlik, et mitte lasta neil enne täielikku vormi kokkupanemist täielikult taheneda, seega ärge laske neil täielikult jahtuda. Segage neid aeg-ajalt

k) Haara oma vorm ja alustame kokkupanekut. Toru valge osa iga süvendi keskele, seejärel toru välimisse ringi veel veidi kookose panna cottat

l) Asetage vorm 15 minutiks sügavkülma, et kookospähkli osa saaks enne järgmise sammuga jätkamist kinnituda. Jätke ülejäänud kookoskreem toatemperatuuril ja segage seda aeg-ajalt, et see ei hanguks

m) Kui kookospähkli osa on sügavkülmas täielikult hangunud, jätkake passioniviljaosa torustikuga

n) Pane vorm nüüd 30 minutiks uuesti sügavkülma. Veenduge, et segate aeg-ajalt ülejäänud kookospähkli osa, et see ei hanguks, kui vorm on sügavkülmas

o) Kui kannatusvilja osa on sügavkülmas täielikult hangunud, jätkake ülejäänud valge osaga. Lase sügavkülmas külmuda min 6h, üleöö on veel parem

p) Pärast seda, kui panna cottad on täielikult külmunud, vabastage need õrnalt, kuid kindlalt vormist. Vajutage eriti keskele, et see ei jääks vormi sisse

q) Aseta iga panna cotta kookospähkli küpsisele, kuni panna cotta on külmunud

r) Lase panna cottal kas toatemperatuuril või külmkapis sulama

53. Passioni puuviljavaht

KOOSTISOSAD:
- 1 purk Aurutatud piim; öö läbi jahutatud
- 8 želatiinilehte või 1 ½ pakki pulbristatud želatiini
- 2 tassi Passioni puuviljamahla
- 1½ tassi suhkrut
- ½ tassi vett

JUHISED:
a) Lahusta želatiin vees Elektrilise vispliga vahusta aurustunud piim kõvaks ja vahuks. Lisa suhkur ja vahusta 1 min. Sega juurde želatiin. Sega juurde mahl. Aseta õliga määritud vormi ja jahuta vähemalt 6 tundi. Vormi lahti ja serveeri passioniviljakastme või mõne muu meelepärase puuviljakastmega.

54. Greipfruudi passion kohupiimapirukas

KOOSTISOSAD:
- 1 portsjon küpsetamata Ritz Crunchi
- 1 portsjon Grapefruit Passion Curd
- 1 portsjon magustatud kondenseeritud greipi

JUHISED:
a) Kuumuta ahi temperatuurini 275 °F.
b) Suru Ritzi krõmps 10-tollisse pirukavormi. Suruge sõrmede ja peopesade abil tugevalt sisse, veendudes, et see kataks põhja ja küljed ühtlaselt ja täielikult.
c) Pane vorm küpsetusplaadile ja küpseta 20 minutit. Ritzi koorik peaks olema pisut kuldpruun ja pisut sügavam kui see krõmps, millega alustasite. Jahutage koor täielikult; kilesse mähituna säilib koorik sügavkülmas kuni 2 nädalat.
d) Kasutades lusikat või spaatlit, määrige greibi passion kohupiim ühtlaselt Ritzi kooriku põhjale. Pange pirukas sügavkülma, et kohupiim tahkuks, umbes 30 minutit.
e) Määri lusika või nihkelabida abil kohupiima peale magustatud kondenseeritud greip, jälgides, et need kaks kihti ei seguneks, ja veendudes, et kohupiim oleks täielikult kaetud.
f) Pange tagasi sügavkülma, kuni olete viilutamiseks ja serveerimiseks valmis.

55. Banaani- ja kannatusviljajäätis

KOOSTISOSAD:
- 3 või 4 küpset banaani
- 2 kannatusvilja
- 425 g vanillikaste
- 1 supilusikatäis selget mett
- 1 spl sidrunimahla
- ½ supilusikatäit vaniljeekstrakti

JUHISED:

a) Koori banaanid ja purusta need köögikombaini või blenderisse. Poolita kannatusvili ja lusikaga seemned ja mahl otse töötlemisseadmesse.

b) Lisa ülejäänud ained ja püreesta ühtlaseks massiks (passionivilja seemned peaksid jääma terveks).

c) Kallutage segu suurde kannu, katke ja hoidke külmkapis vähemalt 30 minutit või kuni see on hästi jahtunud.

d) Vala segu jäätisemasinasse ja külmuta vastavalt juhistele.

e) Viige sobivasse anumasse ja külmutage kuni vajaduseni.

56. Virsiku ja passioni puuviljade keerisjäätis

KOOSTISOSAD:
- 1 ¼ tassi rasket koort
- 1 tl puhast vaniljeekstrakti
- 2 suurt muna
- ¼ tass ülipeent suhkrut või maitse järgi
- 2 tl maisitärklist
- 1 spl vett
- 4 suurt väga küpset virsikut
- 1 apelsini mahl ja peeneks riivitud koor
- 4 küpset kannatusvilja

JUHISED:
a) Kuumuta väikeses kastrulis koor ja vanill keemistemperatuurini.
b) Tõsta tulelt. Vahusta kausis munad ja suhkur väga kahvatuks ja kergelt paksemaks. Klopi veidi koort munade hulka, kuni see on hästi segunenud, seejärel kurna tagasi kastrulisse.
c) Sega maisitärklis veega ühtlaseks massiks. Klopi see koore-munasegu hulka ning tõsta pann tagasi tulele. Ärge keetke, vaid kui segu hakkab paksenema, segage pidevalt, kuni see katab lusika seljaosa. Tõsta jahtuma, aeg-ajalt segades.
d) Aseta virsikud keevasse vette umbes 1 minutiks või kuni koo021 kergesti maha kooruvad.
e) Blenderda või püreesta viljaliha apelsinimahla ja -koorega ning vajadusel kurna. Lõika passionivilja viljaliha väikesesse kaussi.
f) Sega jahtunud vanillikaste ja virsikupüree õrnalt kokku. Pane jäätisemasinasse ja töötle vastavalt tootja juhistele või kasuta käsitsi segamise meetod.
g) Kui see on peaaegu tahke, viige see sügavkülmikusse ja keerake sisse suurem osa kannatusviljadest. Külmutage, kuni see on tahke või nõutav. Seda jäätist võib külmutada kuni 1 kuu.
h) Enne serveerimist lase umbes 15 minutit pehmeneda ja peale valada veel veidi kannatusvilja.

57. Troopiline Margarita sorbett

KOOSTISOSAD:
- 1 tass suhkrut
- 1 tass passioniviljapüreed
- 1½ naela küpset mangot, kooritud, kivideta ja kuubikuteks lõigatud
- 2 laimi riivitud koor
- 2 spl Blanco (valget) tequilat
- 1 spl apelsinilikööri
- 1 spl heledat maisisiirupit
- ½ tl koššersoola

JUHISED:
a) Sega väikeses potis suhkur ja passioniviljapüree.
b) Keeda keskmisel kuumusel, segades lahustumiseks
c) suhkur. Tõsta pliidilt ja lase jahtuda.
d) Sega segistis passioniviljasegu, kuubikuteks lõigatud mango, laimikoor, tequila, apelsinilikööri, maisisiirup ja sool. Püreesta ühtlaseks.
e) Valage segu kaussi, katke ja hoidke külmkapis, kuni see on külm, vähemalt 4 tundi või kuni üleöö.
f) Külmuta ja klopi jäätisemasinas vastavalt tootja juhistele.
g) Pehme konsistentsi saamiseks (minu arvates parim) serveeri sorbett kohe; tihkema konsistentsi saamiseks viige see anumasse, katke kinni ja laske 2–3 tundi sügavkülmas taheneda.

58. Šokolaadikihiga kook

KOOSTISOSAD:
- 1 portsjon šokolaadikooki
- ⅓ tassi passioniviljapüreed
- 1 portsjon Passion Fruit Curd
- ½ portsjonit šokolaadipuru
- 1 portsjon Coffee Frostingi
- ¼ tassi mini šokolaaditükke

JUHISED:
a) Pange letile pärgamenditükk või Silpat. Pöörake kook selle peale ja koorige tordipõhjalt pärgament või Silpat. Tordi rõnga abil koogist välja 2 ringi. Need on teie kaks ülemist koogikihti. Ülejäänud tordijääkidest saab kokku koogi alumine kiht.

KIHT 1, ALUMINE
b) Puhastage koogirõngas ja asetage see puhta pärgamendi või Silpatiga vooderdatud lehtvormi keskele. Kasutage koogirõnga sisemuse vooderdamiseks 1 atsetaadiriba.
c) Asetage koogijäägid rõnga sisse ja suruge oma käeseljaga need kokku tasaseks ühtlaseks kihiks.
d) Kastke kondiitripintsel passioniviljapüreesse ja andke koogikihile poole püreest hea tervislik vann.
e) Määri lusikaselgaga pool passionivilja kohupiimast ühtlase kihina koogile.
f) Puista pool šokolaadipurust ühtlaselt passionivilja kohupiima peale. Kasutage nende oma kohale ankurdamiseks oma käe tagaosa.
g) Kasutage lusika tagumist osa, et jaotada üks kolmandik kohviglasuurist võimalikult ühtlaselt šokolaadipurule.

KIHT 2, KESKMINE
h) Torkake teine atsetaadiriba oma nimetissõrmega õrnalt koogirõnga ja esimese atsetaadiriba ülemise ¼ tolli vahele, nii et teil oleks selge 5–6 tolli pikkune atsetaadist rõngas – piisavalt kõrge, et toetada rõnga kõrgust. valmis kook. Asetage kook glasuurile ja korrake sama toimingut 1. kihi jaoks.

3. KIHT, ÜLEMINE
i) Asetage ülejäänud kook glasuurile. Kata koogi pealt ülejäänud glasuuriga. Andke sellele volüümi ja pööriseid või tehke nii, nagu meie teeme, ja valige täiesti tasane pealispind. Kaunista glasuur minišokolaadilaastudega.

j) Tõsta lehtvorm sügavkülma ja pane vähemalt 12 tunniks sügavkülma, et kook ja täidis tarduksid. Sügavkülmas säilib kook kuni 2 nädalat.
k) Vähemalt 3 tundi enne koogi serveerimist tõmmake lehtvorm sügavkülmast välja ja tõmmake kook sõrmede ja pöidlate abil koogirõngast välja. Koorige atsetaat õrnalt maha ja viige kook vaagnale või tordialusele. Lase külmikus vähemalt 3 tundi sulada
l) Viiluta kook viiludeks ja serveeri.

59. Küpsetamatu Passionfruit juustukook

KOOSTISOSAD:
BISKVIIDIPÕHJALE
- 200 g piparpähkliküpsiseid ehk ingvernapse
- 100 g Võid

JUUSTUSTOOGI TÄIDISEKS
- 400 g täisrasvast Philadelphia toorjuustu
- 100 g tuhksuhkrut
- 2 želatiinilehte Platinum klassi, kasutage 3 kindlama komplekti saamiseks
- 200 ml Topeltkreem
- 100 g Kreeka jogurtit
- 15 ml laimimahla
- 2 tl vaniljekauna pasta
- 100 ml Passionipüree

KASSIFILJA JELLY KATTEKS
- 100 ml Passionipüree
- 100 ml Passioni viljaliha
- 75 g tuhksuhkrut
- 2 želatiinilehte

JUHISED:
BISKVIIDIPÕHJAS
a) Töötle ingveriküpsiseid köögikombainis, kuni need meenutavad peent riivsaia.
b) Sulata või ja sega biskviidipuru hulka.
c) Tõsta see segu lusikaga ahjuvormi põhjale ja suru alla tasandamiseks.

JUUSTUSTOOGI TÄIDIS
a) Pane 2 želatiinilehte külma veega täidetud kaussi. Jätke 5-19 minutiks pehmeks.
b) Vahusta toorjuust ja suhkur ühtlaseks.
c) Lisa Kreeka jogurt ja vaniljekaunapasta ning sega läbi.
d) Järgmisena soojendage passionipüree ja laimimahl koos pannil soojaks.
e) Nõruta želatiinilehed veest, lisa pannile ja sega kuni lahustumiseni.
f) Löö puuviljamahlad juustukoogitainasse – kiiresti, kui vedelik on sisse valatud, et see ei hakkaks tarduma.
g) Lisa rõõsk koor ja klopi piisavalt paksuks, et lusikas seisaks selles.
h) Tõsta lusikaga biskviitpõhjale ja tasanda tõmbi noaga. Jahuta 3 tundi.

KASSIFILJA JELLY TOPPING

a) Aseta ülejäänud 2 želatiinilehte külma vette ja lase pehmeneda.
b) Pane passionipüree ja värske passionivilja viljaliha väikesele pannile koos suhkruga ning kuumuta umbes 60C/120F juures, kuni suhkur lahustub.
c) Nõruta želatiin, lisa pannile ja sega lahustumiseni.
d) Laske jahtuda umbes 40C/80F-ni, seejärel valage juustukoogi peale.
e) Pange juustukook veel 3 tunniks külmkappi tagasi.

60. Ricotta juustukook kannatusviljadega

KOOSTISOSAD:
- 4 muna, eraldatud
- 2½ tassi piima
- 200 g soolamata võid,
- sulatada ja jahutada
- 2 tl vaniljeekstrakti
- 3 tassi isekerkivat jahu
- ¼ tassi tuhksuhkrut

SIDRUN-JUUSTUSTOOGI TÄIDIS
- 400 g siledat ricottat
- ½ tassi sidruni kohupiima
- 1 tass kannatusvilja viljaliha
- ¼ tassi tuhksuhkrut

JUHISED:
a) Asetage munakollased, piim, või ja vanill suurde kannu ning vahustage, kuni see on hästi segunenud.
b) Sega suures segamiskausis jahu ja suhkur ning tee keskele süvend.
c) Vahusta muna-piimasegu ettevaatlikult ühtlaseks taignaks.
d) Vahusta munavalged elektrivahustajatega, kuni moodustuvad tugevad piigid. Vahusta munavalged õrnalt taignasse.
e) Valige Belgia vahvliseade.
f) Eelsoojendage, kuni oranž tuli hakkab vilkuma ja sõnad HEATING kaovad.
g) Valage vahvli doseerimistopsi abil igasse vahvliruutu ½ tassi tainast. Sulgege kaas ja küpseta, kuni taimer on lõppenud ja valmis piiks on 3 korda kõlanud. Tõsta kõrvale täielikult jahtuma.
h) Klopi ricotta ja lemon curd omavahel ühtlaseks massiks ja tõsta kõrvale.
i) Passioniviljakastme jaoks valage viljaliha lusikaga keskmisesse kastrulisse koos ½ tassi vee ja tuhksuhkruga. Segage keskmisel kuumusel 5 minutit või kuni paks ja siirupine. Eemaldage ja jahutage.
j) Serveerimiseks lõika iga vahvel diagonaalselt pooleks ja võile sidrunijuustukoogi täidisega. Serveeri igale inimesele 2 vahvlit ja nirista peale passioniviljakastet.

61. Margarita kreemid mango ja kirega

KOOSTISOSAD:
- 3 tassi Coles kaubamärgi paksendatud kreemi
- 1 tass Coles kaubamärgi valget suhkrut
- ⅓ tassi värsket laimimahla
- 3 supilusikatäit tequilat
- 2 tl peent laimikoort
- 1 mango, kooritud, kivideta, kuubikuteks lõigatud
- 1 banaan, kooritud, kuubikuteks lõigatud
- 3 kannatusvilja

JUHISED:
a) Kreemide valmistamine: Kuumuta koor ja suhkur keskmisel tugeval kastrulis keskmisel kõrgel kuumusel keemiseni, sega, kuni suhkur lahustub.
b) Keeda 3 minutit, pidevalt segades ja vajadusel alandades kuumust, et segu üle keema ei läheks.
c) Tõsta kastrul tulelt. Sega juurde laimimahl ja tequila ning jahuta 10 minutit. Sega juurde laimikoor.
d) Kasutades iga jaoks umbes ½ tassi kreemisegu, jagage kreem kaheksa väikese magustoidutopsi või klaasi vahel. Kata kaanega ja pane külmkappi tahenema, vähemalt 4 tundi või üleöö.
e) Puuviljade ettevalmistamine: segage suures kausis mango ja banaan. Lõika passionivili pooleks, koputa viljaliha ja mahl välja ning tõsta lusikaga mango ja banaani peale. Viska õrnalt puuvilju, et need kattuksid kannatusviljaga.
f) Serveerimine: Tõsta puuviljad lusikaga kreemidele ja serveeri kohe.

62. Sables kannatuspuu vaarikas

KOOSTISOSAD:
- 4 untsi suhkrut
- 6 untsi võid
- 4 muna
- 8 untsi koogijahu
- 3 untsi mandlijahu
- ½ untsi küpsetuspulber
- 12 untsi toorjuustu
- 3 untsi suhkrut
- 3 untsi Passioni puuviljapüree
- Vaarikad suhkruga

JUHISED:

Tainas:

a) Sega või ja suhkur, seejärel lisa terved munad ja mandlijahu, koogijahu ja küpsetuspulber.

b) Küpseta 320 F juures 15 minutit.

c) Jahtunult lõika tainas ringideks.

TÄITMINE:

d) Sega toorjuust ja passioniviljapüree. Aseta täidis kondiitrikotti.

e) Toru ümmarguse toru abil täidis ümmarguse soobli peale ja seejärel lisa sellele veel üks soobliring.

f) Kaunista soobel tuhksuhkru ja vaarikaga.

g) Kaunista soobel vaarikakastmega ja kaunista mõne vaarikaga.

63. Passionfruit posset

KOOSTISOSAD:
- 300 ml Topeltkreem
- 75 grammi tuhksuhkrut
- 1 sidrun
- 2 Passionfruit
- Šokolaad; küpsised, serveerimiseks

JUHISED:

a) Pane rõõsk koor ja suhkur pannile ning kuumuta keemiseni, sega, kuni suhkur lahustub.

b) Riivi sidrunilt koor ja sega koos mahlaga pannile.

c) Segage umbes minut, kuni segu pakseneb, seejärel eemaldage tulelt.

d) Poolita kannatusvili, kühvelda seemned ja viljaliha. Sega korralikult läbi ja vala kahte varrega veiniklaasi.

e) Jahuta, seejärel jahuta, kuni see on hangunud.

64. Mango ja Passionfruit Pavlova

KOOSTISOSAD:
- 4 munavalget
- 1 tass tuhksuhkrut
- 1 tl valget äädikat
- 1 tl maisitärklist
- 1 tass vahukoort
- 1 tass viilutatud värsket mangot
- ¼ tassi kannatusvilja viljaliha
- ¼ tassi röstitud kookospähklit

JUHISED:
a) Kuumuta ahi temperatuurini 300 °F (150 °C). Vooderda ahjuplaat küpsetuspaberiga.
b) Vahusta munavalged, kuni moodustuvad tugevad piigid. Lisa vähehaaval suhkur, üks supilusikatäis korraga, pärast iga lisamist korralikult pekstes.
c) Lisa äädikas ja maisitärklis ning vahusta, kuni need segunevad.
d) Tõsta segu lusikaga ettevalmistatud küpsetusplaadile, et moodustada 8-tolline (20 cm) ring.
e) Looge spaatliga pavlova keskele kaev.
f) Küpseta 1 tund või kuni pavlova on väljast krõbe ja seest pehme.
g) Lase täielikult jahtuda.
h) Määri pavlova peale vahukoor. Lisa viilutatud mango ja nirista peale passionivilja viljaliha. Puista üle röstitud kookospähkliga.

65. Uus-Meremaa Kiivi pavlova

KOOSTISOSAD:
- 4 munavalget
- 1¼ tassi tuhksuhkrut (granuleeritud).
- 1 tl valget äädikat
- 1 tl vaniljeessentsi (ekstrakt)
- 1 spl maisijahu (maisitärklis)
- ½ liitrit koort
- 2 kiivi
- 4 Passion fruit

JUHISED:
a) Kuumuta ahi 180C-ni. Vahusta elektrimikseriga munavalgeid ja suhkrut 10 minutit või kuni vaht muutub paksuks ja läikivaks.
b) Sega äädikas, vanill ja maisijahu omavahel.
c) Lisa beseele. Vahusta suurel kiirusel veel 5 minutit. Vooderda ahjuplaat küpsetuspaberiga (Ära määri).
d) Joonista küpsetuspaberile 22 cm ring. Määri pavlova segu 2 cm täpsusega ringi servast, hoides vormi võimalikult ümara ja ühtlasena.
e) Sile pealispind üle. Aseta pavlova ahju ja alanda ahju temperatuur 100 kraadini. Küpseta pavlovat 1 tund. Lülitage ahi välja. Ava ahjuuks veidi ja jäta pavlova ahju, kuni see jahtub. Tõsta pavlova ettevaatlikult serveerimistaldrikule. Kaunista vahukoore, viilutatud kiivi ja värske passionivilja viljalihaga.

66. Troopiliste puuviljade pavlova

KOOSTISOSAD:
- 4 suurt toatemperatuuril munavalget
- 1 Näputäis soola
- 225 grammi tuhksuhkrut
- 2 tl maisijahu
- 1 näputäis hambakivi
- 1 tl valge veini äädikat
- 4 tilka vaniljeekstrakti
- 2 Passion fruit
- Küpsed troopilised puuviljad, näiteks mango; kiivi, tähtvili ja neeme karusmarjad
- 150 milliliitrit Topeltkoor
- 200 milliliitrit creme fraiche

JUHISED:
a) Kuumuta ahi temperatuurini 150c/300f/gaas 2.
b) Vooderda küpsetusplaat mittenakkuva küpsetuspaberiga ja joonista sellele 22 cm/9-tolline ring. Besee jaoks: Vahusta suures puhtas kausis munavalged ja sool, kuni moodustuvad jäigad tipud.
c) Vahusta suhkur kolmandiku kaupa, iga lisamise vahel korralikult vahustades, kuni see on jäik ja väga läikiv. Puista peale maisijahu, tartarikoor, äädikas ja vaniljeekstrakt ning sega ettevaatlikult sisse.
d) Kuhjake besee ringi sees olevale paberile, veendudes, et keskel on märkimisväärne lohk.
e) Aseta ahju ja alanda kuumust kohe 120c/250f/gaas ¼-ni ning küpseta 1½-2 tundi, kuni see on kahvatupruun, kuid keskelt veidi pehme. Lülitage ahi välja, jätke uks veidi paokile ja laske täielikult jahtuda.
f) Täidise jaoks: poolita kannatusvili ja eemalda viljaliha. Vajadusel koorige ja viilutage valitud puuviljad.
g) Pane koor kaussi ja vahusta tihkeks ning sega seejärel creme fraiche sisse. Koori pavlovalt paber ja aseta taldrikule.
h) Kuhja peale kooresegu ja laota peale viljad, viimistledes passionivilja viljalihaga. Serveeri korraga.

67. No-Bake Passion Fruit Cobbler

KOOSTISOSAD:
- 6 kannatusvilja, viljaliha välja kühveldatud
- 1 spl laimimahla
- ¼ tassi granuleeritud suhkrut
- 1 tl vaniljeekstrakti
- 1 tass purustatud küpsiseid
- ¼ tassi hakitud kookospähklit
- 2 supilusikatäit mett
- 2 spl soolata võid, sulatatud

JUHISED:
a) Sega kausis passionivilja viljaliha, laimimahl, granuleeritud suhkur ja vaniljeekstrakt. Sega hästi.
b) Sega teises kausis purustatud liivaküpsised, riivitud kookospähkel, mesi ja sulatatud või.
c) Võtke üksikud serveerimisnõud ja pange kihiti passioniviljasegu ja seejärel küpsisegu.
d) Korrake kihte, kuni kõik koostisosad on kasutatud, lõpetades küpsisegu peal.
e) Tõsta vähemalt 1 tunniks külmkappi, et maitsed seguneksid.
f) Serveeri jahutatult ja naudi passionivilja ainulaadset troopilist maitset!

68. Passion Fruit Sorbett

KOOSTISOSAD:
- 1 tl pulbristatud želatiini
- 2 sidrunit
- 9 untsi granuleeritud suhkrut
- 8 kannatusvilja

JUHISED:
a) Mõõda väikesesse kaussi või tassi 2 spl vett, puista peale želatiin ja jäta 5 minutiks seisma. Pigista sidrunitest mahl välja.

b) Valage suhkur kastrulisse ja lisage 300 ml/½ pint vett. Kuumuta õrnalt segades, kuni suhkur on lahustunud. Tõsta kuumust ja keeda kiiresti umbes 5 minutit, kuni segu tundub siirupine.

c) Eemaldage tulelt, lisage sidrunimahl ja segage želatiin, kuni see on lahustunud.

d) Poolita passioniviljad ja tõsta väikese lusikaga seemned ja viljaliha siirupisse. Jäta jahtuma.

e) Katke ja jahutage vähemalt 30 minutit või kuni see on hästi jahtunud.

f) Jahutatud siirup ajage seemnete eemaldamiseks läbi mittemetallist sõela.

g) Vala segu jäätisemasinasse ja külmuta vastavalt juhistele.

h) Viige sobivasse anumasse ja külmutage kuni vajaduseni.

69. Guajaav Passion Fruit Sorbett

KOOSTISOSAD:
- 2 tassi guajaavi viljaliha (värske või külmutatud)
- ½ tassi kannatusvilja viljaliha (värske või külmutatud)
- ½ tassi suhkrut
- 1 laimi mahl

JUHISED:
a) Sega segistis või köögikombainis kokku guajaavi viljaliha, passionivilja viljaliha, suhkur ja laimimahl. Blenderda ühtlaseks.
b) Vala segu jäätisemasinasse ja klopi vastavalt tootja juhistele.
c) Kui sorbett on kloppinud, viige see kaanega anumasse ja külmutage mõneks tunniks, et see tahkuks.
d) Serveerige guajaavi passionivilja sorbetti jahutatud kaussides või klaasides, et saada magusat ja teravat troopilist magustoidu.

70. Avokaado-passionivilja sorbett

KOOSTISOSAD:
- 2 tassi värsket või sulatatud külmutatud passioniviljapüreed
- ¾ tassi pluss 2 spl suhkrut
- 2 väikest küpset avokaadot
- ½ tl koššersoola
- 1 spl värskelt pressitud laimimahla

JUHISED:
a) Sega väikeses potis passioniviljapüree ja suhkur.
b) Kuumuta keskmisel-kõrgel kuumusel segades, kuni suhkur lahustub.
c) Tõsta pliidilt ja lase jahtuda toatemperatuurini.
d) Lõika avokaadod pikuti pooleks. Eemaldage seemned ja visake viljaliha blenderisse või köögikombaini.
e) Lisa jahtunud passioniviljasegu ja sool ning töötle ühtlaseks massiks, kraapides vajadusel segistipurgi või kausi külgi alla.
f) Lisa laimimahl ja töötle kuni segunemiseni. Valage segu kaussi, katke ja hoidke külmkapis umbes 2 tundi.
g) Külmuta ja klopi jäätisemasinas vastavalt tootja juhistele.
h) Pehme konsistentsi saamiseks serveeri sorbetti kohe; tihkema konsistentsi saamiseks viige see anumasse, katke kinni ja laske 2–3 tundi sügavkülmas taheneda.

MAITSED

71. Passion vilja karamellkaste

KOOSTISOSAD:
- 2 tassi suhkrut
- ½ tassi vett
- 2 tl heledat maisisiirupit
- 1⅓ tassi passioniviljapüreed
- 4 spl soolata võid, tükkideks lõigatud
- ½ tl koššersoola

JUHISED:
a) Segage suures paksupõhjalises kastrulis suhkur, vesi ja maisisiirup. Kuumuta keskmisel kuumusel keema, segades suhkru lahustamiseks ja aeg-ajalt pintseldades panni külgi märja kondiitripintsliga alla, et suhkrukristallid maha pesta.
b) Tõstke kuumus keskmisele kõrgele ja laske segamata keeda, kuni siirup on tume merevaigukollane, umbes 8 minutit.
c) Tõsta pann tulelt. Lisage ettevaatlikult passioniviljapüree (see mullitab ja pritsib, nii et olge selle sissevalamisel ettevaatlik), või, sool ja vispeldage, et lisada võimalikult palju (karamell kõveneb veidi).
d) Pane pann keskmisele-madalale tulele, kuumuta keemiseni ja kuumuta segades, kuni karamell on lahustunud ja kaste ühtlane. Tõsta pliidilt ja lase jahtuda. Külmkapis õhukindlas anumas hoituna säilib kaste kuni 10 päeva.
e) Serveeri kastet soojalt või toatemperatuuril.

72. Greipfruudi passion kohupiim

KOOSTISOSAD:
- ¼ tassi passioniviljapüreed
- 3 supilusikatäit suhkrut
- 1 muna
- ½ želatiinilehte
- 6 supilusikatäit väga külma võid
- ¼ teelusikatäit koššersoola
- 1 suur greip
- 1 tl viinamarjaseemneõli

JUHISED:
a) Pane passioniviljapüree ja suhkur blenderisse ning blenderda, kuni suhkrugraanulid on lahustunud. Lisa muna ja sega madalal kuumusel, kuni saad ereoranži-kollase segu. Tõsta blenderi sisu keskmisesse potti või kastrulisse. Puhastage segisti kanister.

b) Õitsesta želatiin.

c) Kuumuta kannatuslille segu madalal kuumusel, pidevalt vispeldades. Kui see kuumeneb, hakkab see paksenema; hoia sellel tähelepanelikult silma peal. Kui segu keeb, eemaldage see pliidilt ja viige see segistisse. Lisa õitsenud želatiin, või ja sool ning sega, kuni segu on paks, läikiv ja ülisile.

d) Tõsta segu kuumakindlasse anumasse ja pane 30–60 minutiks külmkappi, kuni kannatusvilja kohupiim on täielikult jahtunud.

e) Kuni kannatusvilja kohupiim jahtub, eemaldage koorimisnoaga greibilt ettevaatlikult koor. Seejärel eemaldage iga greibi segment ettevaatlikult membraanidest, lõigates iga segmendi mõlemad küljed piki membraani alla vilja keskkohani; segmendid peaksid kohe välja tulema.

f) Pange greibilõigud väikesesse kastrulisse koos viinamarjaseemneõliga ja soojendage madalal kuumusel, aeg-ajalt ja lusikaga õrnalt segades. Umbes 2 minuti pärast aitab soe õli eraldada ja kapseldada üksikuid greibi niite. Eemaldage tulelt ja laske niitidel enne jätkamist veidi jahtuda.

g) Sega greibi niidid lusika või kummilabida abil õrnalt jahtunud passionivilja kohupiima hulka. Kasutage koheselt või viige õhukindlasse anumasse ja hoidke külmikus kuni 1 nädal.

73. Passion fruit kohupiim

KOOSTISOSAD:
- ½ tassi passioniviljapüreed
- ⅓ tassi suhkrut
- 2 muna
- 1 želatiinileht
- 12 spl võid, väga külm
- ½ tl koššersoola

JUHISED:

a) Pane passioniviljapüree ja suhkur blenderisse ning blenderda, kuni suhkrugraanulid on lahustunud. Lisa munad ja mikserda madalal kuumusel. Tõsta blenderi sisu keskmisesse potti või kastrulisse. Puhastage segisti kanister.

b) Õitsesta želatiin.

c) Kuumuta kannatuslille segu madalal kuumusel, pidevalt vispeldades. Kui see kuumeneb, hakkab see paksenema; hoia sellel tähelepanelikult silma peal. Kui see keeb, eemaldage see pliidilt ja viige see segistisse. Lisa õitsenud želatiin, või ja sool ning sega, kuni segu on paks, läikiv ja ülisile.

d) Tõsta segu kuumakindlasse anumasse ja pane külmkappi, kuni kohupiim on täielikult jahtunud vähemalt 30 minutit.

74. Passion Fruit Salsa

KOOSTISOSAD:
- 2 kannatusvilja, viljaliha eemaldatud
- 1 suur tomat, tükeldatud
- ¼ punane sibul, kuubikuteks
- ¼ tass värsket koriandrit, hakitud
- 1 jalapeño pipar, seemnetest puhastatud ja kuubikuteks lõigatud
- 1 spl laimimahla
- Sool ja pipar maitse järgi
- Mango (valikuline)

JUHISED:
a) Sega kausis passionivilja viljaliha, tükeldatud tomat, punane sibul, koriander ja jalapeño pipar.
b) Lisa laimimahl ning maitsesta soola ja pipraga.
c) Enne serveerimist jahutage külmkapis vähemalt 30 minutit.
d) Serveeri tortillakrõpsudega või grillkala või kana lisandina.

75. Passion Fruit Guacamole

KOOSTISOSAD:
- 2 küpset avokaadot, kooritud ja purustatud
- ¼tassi kuubikuteks lõigatud punast sibulat
- ¼tass hakitud värsket koriandrit
- 1 jalapeño pipar, seemnetest puhastatud ja kuubikuteks lõigatud
- 2 spl laimimahla
- ¼tassi kannatusvilja viljaliha
- Sool ja pipar maitse järgi

JUHISED:
a) Sega kausis püreestatud avokaado, punane sibul, koriander, jalapeño pipar, laimimahl ja kannatusvilja viljaliha.
b) Maitsesta soola ja pipraga.
c) Enne serveerimist jahutage külmkapis vähemalt 30 minutit.
d) Serveeri tortillakrõpsudega või tacode lisandina.

76. Passion Fruit Jam

KOOSTISOSAD:
- 4 kannatusvilja
- 1 tass suhkrut
- 1 spl sidrunimahla

JUHISED:
a) Lõika kannatusviljad pooleks ja eemalda viljaliha.
b) Sega kastrulis passionivilja viljaliha, suhkur ja sidrunimahl.
c) Aja segu aeg-ajalt segades keskmisel kuumusel keema.
d) Alanda kuumust ja hauta umbes 20 minutit, kuni segu pakseneb.
e) Eemaldage kuumusest ja laske jahtuda.
f) Tõsta moos steriliseeritud purki ja hoia külmkapis.

77. Passion Fruit Või

KOOSTISOSAD:
- 4 kannatusvilja
- 1/2 tassi soolamata võid, pehmendatud
- 2 spl tuhksuhkrut

JUHISED:
a) Lõika kannatusviljad pooleks ja eemalda viljaliha.
b) Sega kausis pehme või, tuhksuhkur ja kannatusvilja viljaliha.
c) Segage hästi, kuni kõik koostisosad on täielikult segunenud.
d) Viige passioniviljavõi purki või anumasse ja jahutage, kuni see muutub tahkeks.
e) Kasutage võid röstsaial, muffinitel või magustoitude määrdena.

78. Passion Fruit Vinaigrette

KOOSTISOSAD:
- 2 kannatusvilja
- 1/4 tassi oliiviõli
- 2 spl valge veini äädikat
- 1 spl mett
- Sool ja pipar maitse järgi

JUHISED:
a) Lõika kannatusviljad pooleks ja eemalda viljaliha.
b) Vispelda väikeses kausis passionivilja viljaliha, oliiviõli, valge veini äädikas, mesi, sool ja pipar.
c) Maitsesta maitset vastavalt oma maitsele.
d) Kasutage passionivilja vinegretti salatikastmena või grill-liha marinaadina.

79. Passion Fruit kuum kaste

KOOSTISOSAD:
- 4 kannatusvilja
- 4 punast tšillipipart
- 2 küüslauguküünt
- 2 spl äädikat
- 1 spl suhkrut
- Soola maitse järgi

JUHISED:
a) Lõika kannatusviljad pooleks ja eemalda viljaliha.
b) Puhasta punased tšillipipar seemned ja haki peeneks.
c) Purusta küüslauguküüned.
d) Sega segistis või köögikombainis kokku passionivilja viljaliha, hakitud tšillipipar, purustatud küüslauk, äädikas, suhkur ja sool.
e) Blenderda ühtlaseks.
f) Tõsta segu kastrulisse ja hauta tasasel tulel umbes 10 minutit.
g) Laske kuumal kastmel täielikult jahtuda, enne kui asetate selle steriliseeritud purki.
h) Kasutage passionivilja kuuma kastet, et lisada oma lemmikroogadele kuumust ja maitset.

80. Passion Fruit majonees

KOOSTISOSAD:
- 2 kannatusvilja
- 1/2 tassi majoneesi
- 1 spl sidrunimahla
- Sool ja pipar maitse järgi

JUHISED:
a) Lõika kannatusviljad pooleks ja eemalda viljaliha.
b) Sega kausis passionivilja viljaliha, majonees, sidrunimahl, sool ja pipar.
c) Segage hästi, kuni kõik koostisosad on täielikult segunenud.
d) Maitse ja maitsesta vastavalt vajadusele.
e) Kasutage passioniviljamajoneesi võileibade, burgerite või friikartulite määrdena.

81. Passion Fruit BBQ kaste

KOOSTISOSAD:
- 4 kannatusvilja
- 1 tass ketšupit
- 1/4 tassi pruuni suhkrut
- 2 spl sojakastet
- 1 spl Worcestershire'i kastet
- 1 spl Dijoni sinepit
- 1 tl küüslaugupulbrit
- 1 tl suitsupaprikat
- Sool ja pipar maitse järgi

JUHISED:
a) Lõika kannatusviljad pooleks ja eemalda viljaliha.
b) Sega kastrulis passionivilja viljaliha, ketšup, pruun suhkur, sojakaste, Worcestershire'i kaste, Dijoni sinep, küüslaugupulber, suitsupaprika, sool ja pipar.
c) Sega hästi kokku.
d) Kuumuta segu aeg-ajalt segades keskmisel kuumusel keema.
e) Alanda kuumust ja lase podiseda umbes 15-20 minutit, kuni kaste pakseneb.
f) Eemaldage kuumusest ja laske jahtuda.
g) Kasutage passioniviljade BBQ-kastet grill-liha glasuurimiseks, dipikastmena või marinaadina.

82. Passion Fruit Aioli

KOOSTISOSAD:
- 2 kannatusvilja
- 1/2 tassi majoneesi
- 1 küüslauguküüs, hakitud
- 1 sidruni mahl
- Sool ja pipar maitse järgi

JUHISED:
a) Lõika kannatusviljad pooleks ja eemalda viljaliha.
b) Sega kausis passionivilja viljaliha, majonees, hakitud küüslauk, sidrunimahl, sool ja pipar.
c) Segage hästi, kuni kõik koostisosad on täielikult segunenud.
d) Maitsesta maitset vastavalt oma maitsele.
e) Kasutage passionivilja aioli friikartulite dipikastmena, võileibade määrdena või mereandide maitseainena.

83. Passion Fruit Chutney

KOOSTISOSAD:
- 4 kannatusvilja
- 1/2 tassi hakitud ananassi
- 1/4 tassi hakitud punast sibulat
- 1/4 tassi rosinaid
- 2 spl pruuni suhkrut
- 2 spl õunasiidri äädikat
- 1 tl riivitud ingverit
- 1/4 tl jahvatatud kaneeli
- 1/4 tl jahvatatud nelki
- Soola maitse järgi

JUHISED:
a) Lõika kannatusviljad pooleks ja eemalda viljaliha.
b) Sega kastrulis passionivilja viljaliha, tükeldatud ananass, hakitud punane sibul, rosinad, pruun suhkur, õunaäädikas, riivitud ingver, jahvatatud kaneel, jahvatatud nelk ja sool.
c) Sega hästi kokku.
d) Lase segul keskmisel kuumusel keema tõusta, seejärel alanda kuumust ja lase umbes 30 minutit podiseda, aeg-ajalt segades.
e) Eemaldage kuumusest ja laske jahtuda.
f) Tõsta chutney steriliseeritud purki ja hoia külmkapis.
g) Kasutage passionivilja chutneyt röstitud liha, võileibade või juustuvaagnate maitsestamiseks.

84. Passion Fruit Sinep

KOOSTISOSAD:
- 4 kannatusvilja
- 1/2 tassi Dijoni sinepit
- 1 spl mett
- 1 tl õunasiidri äädikat
- Sool ja pipar maitse järgi

JUHISED:
a) Lõika kannatusviljad pooleks ja eemalda viljaliha.
b) Sega kausis passionivilja viljaliha, Dijoni sinep, mesi, õunasiidri äädikas, sool ja pipar.
c) Segage hästi, kuni kõik koostisosad on täielikult segunenud.
d) Maitse ja maitsesta vastavalt vajadusele.
e) Kasutage passionivilja sinepit võileibade, burgerite või dipikastmena.

KOKTEILID JA MOKTEILID

85. Passion Fruit Boba tee

KOOSTISOSAD:
- 1 liiter vett
- 4 rohelise tee kotti
- 120 g musta tapiokkpärli
- 40 ml vahtrasiirupit
- 8 kannatusvilja
- 240 ml kookosjooki

JUHISED:
a) Keetke antud vesi, valage see kaussi ja lisage rohelise tee kotid.
b) Laske neil 5 minutit tõmmata ja seejärel eemaldage.
c) Laske rohelisel teel külmkapis täielikult jahtuda.
d) Vahepeal lase potti vesi keema ja lisa tapiokkpärlid.
e) Niipea, kui need pinnale ujuvad, katke pott ja küpseta neid 3 minutit.
f) Seejärel keera kuumus maha ja hoia pärleid veel 3 minutit potis.
g) Nüüd kurna keeduvesi ja lisa pärlid külma veega täidetud kaussi.
h) Laske neil 20 sekundit jahtuda ja tühjendage vesi uuesti.
i) Sega tapiokkpallid vahtrasiirupiga.
j) Lõika passioniviljade viljaliha peene sõela sisse ja kurna mahl kaussi.
k) Boba tee kokkupanemiseks jaga tapiokkpallid kõrgete klaaside vahel ning vala seejärel passioni puuviljamahl ja külm roheline tee.

86. Passion vilja veejää

KOOSTISOSAD:
- 12 küpset kannatusvilja
- 1 tass vett
- ¾ tass ülipeent suhkrut
- 1 spl apelsinimahla
- 1 tl sidrunimahla

JUHISED:

a) Koorige kogu viljaliha ja mahl välja ning kurnake mustade seemnete eemaldamiseks kaussi. Sega juurde vesi, suhkur ja mahlad. Jahuta umbes 30 minutit, kuni suhkur lahustub. Sega aeg-ajalt.

b) Valage segu sügavkülma anumasse ja külmutage peaaegu tahkeks, segades ja purustades üks või kaks korda kristallideks.

c) Kui olete serveerimiseks valmis, purustage vesijää kahvliga, kuni see on teralise konsistentsiga.

d) Serveeri panna cotta või crème Brûlée ja viimasel hetkel peale valatud vähese värske passionimahlaga.

87. Passion Fruit Cooler

KOOSTISOSAD:
- 1 unts apelsinimahla
- ½ unts sidrunimahla
- ½ unts džinni
- 1 ½ untsi heledat rummi
- 3 untsi kannatusvilja nektarit

JUHISED:
a) Täida kokteilišeiker jääga.
b) Lisage mahlad, džinn, rumm ja kannatusvilja nektar.
c) Raputama.
d) Kurna jääga highball-klaasi.

88. Rahulik reis

KOOSTISOSAD:
- ½ unts Galliano
- ½ unts passioni siirupit
- 2 tl sidrunimahla
- ½ unts heledat rummi
- ½ muna
- ⅓ tassi purustatud jääd

JUHISED:

a) Valage blenderisse Galliano, passioni siirup, sidrunimahl, rumm, munapool ja purustatud jää.

b) Segage madalal kiirusel 15 sekundit.

c) Valage jahutatud sügavasse alustassi šampanjaklaasi.

89. Butterfly Pea & Yellow citronade

KOOSTISOSAD:
TSITRONAADSIIRUP:
- 80 g steviat
- 25 g suhkrut
- 250 ml vett
- 4 mandariini
- 6 sidrunit
- 4 laimi

KOKTEILI EHITAMINE:
- 1 tass Butterfly herneteed
- soodavesi
- purustatud jää

GARNESID:
- Kuivatatud tsitruse viilud
- Passion Fruit
- Söödavad lilled

JUHISED:
TSITRONAADSIIRUP:
a) Tsitronaadisiirupi valmistamiseks lahustage stevia ja suhkur 250 ml vees.
b) Koori mandariinid, sidrunid ja laimid ning lisa magusale siirupile.
c) Valage tsitruselistest mahl ja lisage segule.
d) Kata kaanega ja lase koorel üleöö külmikus tõmmata.
e) Filtreerige koor ja viljaliha sõela abil puhtasse kannu.
f) Täida kõrge klaas purustatud jääga.

KOKTEILI EHITAMISEKS
g) Kihtide valmistamiseks lisage tsitronaadisiirup umbes ¼ või ⅓ klaasist. Täitke jääga.
h) Järgmisena lisa soodavesi.
i) Lisage liblikas hernetee aeglaselt jääle, valades seda lusika tagaküljele.
j) Sega õrnalt, et maitsekihid seguneksid, ja lisa lisandid.

90. Passion Fruit ja Mace Mocktail

KOOSTISOSAD:
- 1 tera kuivatatud muskaat,
- 4 spl suhkrut
- Viljaliha 4 passioniviljast
- jääkuubikud

JUHISED:
a) Jahvata kuivatatud muskaat ja suhkur.
b) Sega pannil muskusegu 12 untsi veega ja keeda.
c) Lisa kastrulisse passiooni viljaliha ja keeda 2 minutit, kuni suhkur lahustub.
d) Tõsta tulelt ja lase jahtuda.
e) Lisage 4 klaasile mõned jääkuubikud, valage mocktail jääle ja nautige.

91. Kolumbia

KOOSTISOSAD:
- 1½ untsi laagerdunud Colombia rummi
- ¼ untsi kannatusvilja siirupit
- 2 untsi vereapelsini soodat
- 12 untsi Ginger Ale'i
- 10 grammi tamarindi
- Tsitrusviljade viil, kaunistuseks

JUHISED:
a) Täida kokteilišeiker jääga.
b) Lisa kõik koostisosad ja loksuta.
c) Kurna ja kaunista.

92. Puuviljadega ürdijäätee

KOOSTISOSAD:
- 1 kott Passioni tee
- Oranž ratas
- Mündi lehed
- 4 tassi vett
- 2 tassi värsket apelsinimahla

JUHISED:
a) Asetage teepakk keevasse vette ja laske 5 minutit tõmmata.
b) Eemaldage teekott. Vala tee jääga täidetud kannu.
c) Täitke kannu ülejäänud ruum veega.
d) Täida kokteilišeiker keedetud tee ja apelsinimahlaga.
e) Loksutage ja kurnake jääga täidetud klaasi.
f) Viimistlege oranži ratta ja piparmündilehtedega.

93. Passioni-mündi jäätee

KOOSTISOSAD:
- 6 teepakki
- 4 tassi keeva vett
- tass Värske piparmünt
- ¼ tassi suhkrut
- tass Passioni puuviljamahl; värske või külmutatud

JUHISED:
a) Asetage teekotid ja piparmünt anumasse.
b) Valage neile keev vesi.
c) Lase tõmmata 10 minutit.
d) Lisage lahustumiseks suhkur.
e) Lisa passionimahl ja kurna jää peale.
f) Kaunista värske piparmündi okstega.

94. Baccarat Rouge

KOOSTISOSAD:
- 2 untsi tequilat
- 1 unts Passioni puuviljamahl
- ¼ untsi Allspice Dram
- ¼ untsi laimimahla
- ¼ untsi digestiivi

JUHISED:
a) Lisa kõik koostisained jääga loksutamisvormi ja loksuta tugevalt.
b) Kurna värske jääga kiviklaasi.
c) Kaunista suhkrustatud hibiskiõiega.

95. Marja Tutti-frutti

KOOSTISOSAD:
- 4 naela maasikaid
- 2 naela vaarikaid
- 1 kilo mustikaid
- 2 naela virsikuid
- Kaks 16-untsi purki hapupirukakirsse
- 12 untsi külmutatud punase viinamarjamahla purki
- 12 untsi ananassi, banaani, kannatusviljajooki
- 6 naela suhkrut
- 2 naela heledat mett
- piisavalt vett viie galloni valmistamiseks
- 10 tl happesegu
- 1½ tl tanniini
- 2½ teelusikatäit pektiinensüümi
- 6 tl pärmi toitainet
- 5 Campdeni tabletti, purustatud (valikuline)
- 1 pakk šampanjapärmi

JUHISED:

a) Valmistage kõik puuviljad ette ja pange need ühte suurde või kahte väiksemasse nailonist kurnkotti. Sulatage mahlad. Asetage need desinfitseeritud primaarse fermenteri põhja.

b) Keeda umbes 1–2 gallonit vett koos suhkru ja meega, olenevalt sellest, kui suur veekeetja teil on. Vajadusel koorige.

c) Vala kuum suhkruvesi puuviljadele ja mahladele. Lisage ülejäänud vesi, mis on vajalik viie galloni moodustamiseks ja veidi üle.

d) Lisage pärmi toitaine, hape ja tanniin, sealhulgas Campdeni tabletid, kui otsustate neid kasutada.

e) Katke ja kinnitage õhulukuga. Kui kasutate Campdeni tablette, oodake enne pektiinensüümi lisamist vähemalt 12 tundi. Veel 12-24 tunni pärast kontrollige PA-d ja lisage pärm.

f) Segage iga päev. Nädala või paari pärast tõstke puuviljakotid välja ja laske neil pigistamata nõrguda. Viska viljad ära. Vaadake veini mahtu ja PA-d. Kui teil on vaja rohkem vett lisada, tehke seda. Kui teil on natuke liiga palju, ärge muretsege. Elu on liiga lühike nagu ta on.

g) Kui PA langeb 2–3 protsendini, valage vein klaasist anumasse ja paigaldage see õhulukuga.

h) Koguge seda järgmise kuue kuu jooksul veel kaks korda. Oodake, kuni vein selgineb ja käärib.

i) Villige see suurtesse ja tavalistesse pudelitesse. Enne proovimist oodake kuus kuud.

96. Passion fruit Brandywine

KOOSTISOSAD:
- 6 Passion fruit
- 1 pudel kuiva valget veini
- 1 supilusikatäis Honey fluid untsi brändit

JUHISED:
a) Suru passionivilja viljaliha ja seemned kaanega klaaspurki. Lisa valge vein.
b) Katke, loksutage ja hoidke 5 päeva jahedas ja pimedas.
c) Seejärel kurna vein kastrulisse. Lisa mesi ja kuumuta õrnalt, kuni mesi on lahustunud.
d) Laske jahtuda ja lisage brändi, pudel ja kork.

97. Passion Fruit Mojito

KOOSTISOSAD:
- 2 untsi valget rummi
- 1 unts passioni puuviljamahla
- 1 unts laimimahla
- 1 spl suhkrut
- 6-8 värsket piparmündilehte
- Soodavesi
- Purustatud jää
- Kaunistuseks piparmündioksad ja laimiviil

JUHISED:
a) Segage kokteilišeikeris piparmündilehed, laimimahl ja suhkur.
b) Lisage shakerisse valge rumm ja passionimahl.
c) Täitke šeiker jääga ja loksutage segu hästi.
d) Kurna segu purustatud jääga täidetud klaasi.
e) Kõige peale lisa soodavesi.
f) Kaunista piparmündioksa ja laimiviiluga.
g) Nautige oma värskendavat kannatusvilja mojito't!

98. Passion Fruit Espresso Sour

KOOSTISOSAD:
- 2 untsi kannatusvilja püreed või mahla
- 1 ½ untsi espressot või kanget keedetud kohvi, jahutatud
- 2 untsi burbooni või viskit
- ¾ untsi värsket sidrunimahla
- ½ untsi lihtsat siirupit
- Jää
- Sidrunikeerd, kaunistuseks (valikuline)

JUHISED:
a) Täida kokteilišeiker jääga.
b) Lisage šeikerisse passioniviljapüree või -mahl, espresso või kohv, bourbon või viski, värske sidrunimahl ja lihtne siirup.
c) Loksutage segu tugevalt umbes 15-20 sekundit, et koostisosad seguneksid ja jahtuda.
d) Kurna kokteil jääga täidetud kiviklaasi.
e) Soovi korral kaunista sidrunikeeruga.
f) Serveeri ja naudi oma Passion Fruit Espresso Sour'i!

99. Passion Fruit Piña Colada

KOOSTISOSAD:
- 2 untsi valget rummi
- 2 untsi ananassimahla
- 2 untsi kookoskoort
- 1 unts passioni puuviljamahla
- Kaunistuseks ananassiviil ja kirss
- Jääkuubikud

JUHISED:
a) Sega segistis valge rumm, ananassimahl, kookoskoor, passioni puuviljamahl ja jääkuubikud.
b) Blenderda ühtlaseks ja vahuseks.
c) Valage segu klaasi.
d) Kaunista ananassiviilu ja kirsiga.
e) Rüübake ja viige end troopilisse paradiisi selle kannatusvilja piña coladaga!

100. Passion Fruit Limonade

KOOSTISOSAD:
- 2 untsi passioni puuviljamahla
- 2 untsi sidrunimahla
- 2 untsi lihtsat siirupit
- 4 untsi vahuvett
- Kaunistuseks sidruniviilud ja värsked piparmündilehed
- Jääkuubikud

JUHISED:
a) Sega klaasis passionimahl, sidrunimahl ja lihtne siirup.
b) Segage korralikult läbi.
c) Lisa klaasile jääkuubikud.
d) Vala peale mullivett.
e) Kaunista sidruniviilude ja värskete piparmündilehtedega.
f) Nautige passionivilja limonaadi teravat ja värskendavat maitset!

KOKKUVÕTE

Loodame, et see kokaraamat on inspireerinud teid kireviljadega köögis loovalt tegelema. Olenemata sellest, kas otsite uut magustoiduretsepti, et oma külalistele muljet avaldada, või unikaalset keerdkäiku klassikalisele roale, on passionivili ideaalne koostisosa, mis lisab igale toidule maitsepuhangu ja põnevust.

Nii et proovige mõnda selle raamatu retsepti, katsetage oma ideedega ja, mis kõige tähtsam, nautige! Pidage meeles, et toiduvalmistamise eesmärk on erinevate koostisosade maitsete uurimine ja nautimine ning kannatusviljade puhul on võimalused tõeliselt lõputud. Head kokkamist!

www.ingramcontent.com/pod-product-compliance
Lightning Source LLC
LaVergne TN
LVHW021707060526
838200LV00050B/2550